Für Felix

in Liebe

31.10.04. Yusan

Yasar Karaoglu

CULTO AL CAFÉ

Con la colaboración de Reinhardt Hess
Traducción de Katinka Rosés
Fotografía de bodegones: Stefan Braun

El gran libro de los amantes del café

Índice

UNA OSCURA
PASIÓN — 4

DEL ÁRBOL
A LA TAZA — 8

CAFÉ Y ARTE EN VIENA — 18

Melange vienesa — 21
Cónsul — 21
Tarta de chocolate y moka — 23
Gugelhupf — 25

LA TRADICIÓN
CAFETERA TURCA — 12

Café turco — 13
Pastel Revani — 15
Keskül — 17

ESPRESSO & CO. CULTURA
Y BARES — 26

Cappuccino — 31
Latte macchiato — 31
Espresso shakerato — 33

Espresso helado	33
Granos de café y chocolate	35
Caffè in forchetta	37
Tiramisú	37
Panforte de Siena	39
Galletas de chocolate	39
Tramezzini	41
Panini	41

SEDUCCIÓN FRANCESA 42

Café au lait	45
Brioche	47
Eclairs	49
Tarta Tatín	51
Mousse de café	53

COFFEESHOPS 54

Café a la vainilla	58
Café de olla	59
Moka libanés	59
Blueberry Muffins	61
Muffins de chocolate	61
Brownies	63
Cookies	63
Bagels	65
Sándwich club	67
Sándwich western	67
Café helado	69
Irish coffee	71
Café après	71
Hot coffees	73
Coffee on the rocks	75
Café frappé	75

OTRAS RECETAS DE CAFÉ	77
GLOSARIO DE TIPOS DE CAFÉ	124
GLOSARIO DE ESPECIALIDADES	125
ÍNDICE DE RECETAS	126

Una oscura pasión

El aroma del café recién tostado me ha acompañado desde mi más tierna infancia.

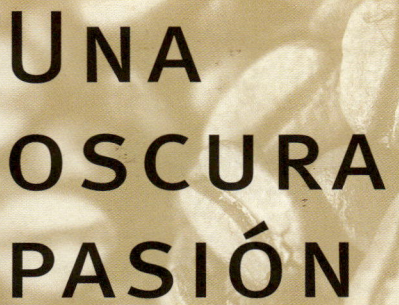

De pequeño viví en Gönen, Turquía. Cuando venía de visita, que era a menudo, mi abuela me mandaba al centro a comprar café.

Siempre me decía: «Pide que te sirvan café recién tostado, ¡y no mucho!». Sólo podía traer entre cincuenta y cien gramos, dependiendo de la gente que esperáramos.

Solía ir cinco veces por semana a comprar, hasta que llegó un momento en el que, por puro cansancio, me negué a hacer el largo trayecto a pie. No entendía por qué debía ir tan a menudo a la tienda, si con una vez a la semana había suficiente para comprar el café necesario. –¿Sabes? –me decía mi abuela–, el café, si no está recién tostado, no tiene la esencia y la fuerza suficientes para despertar el espíritu de nuestros cansados invitados–. Entonces lo entendí…

Cuando a los once años me trasladé con mis padres a Alemania, eché mucho de menos el aroma del café recién tostado. Mi padre tomaba café soluble o a veces café de filtro. Ninguno de los dos tenía el olor del kahve, el café turco. No entendía cómo podían tomar ese brebaje y a la vez quejarse constantemente de dolor de estómago (mi abuela nunca había tenido dolor de barriga).

Un día le pregunté a mi padre por qué no bebía café turco. Me contestó que en Alemania no había ninguna tienda donde vendieran café recién tostado, y que en caso de haberla, no sería igual que el que compraba mi abuela. Fue entonces cuando sentí verdadera añoranza de mi país natal. Me alegraba ante la llegada de las vacaciones, ya que esto significaba poder volver a Turquía al lado de mi abuela.

Cuando estaba allí no me importaba ir hasta veinte veces a por café para así poder disfrutar de aquel intenso aroma.

Casi transcurrió una década sin que oliera nada parecido en Alemania. Hasta que un día, estando sentado con un grupo de amigos en un café italiano, pasó un camarero por mi lado llevando una bandeja con pequeñas tazas de café. De repente me invadió una intensa alegría y la boca se me hizo agua, como el perro de Pavlov cuando oía la campanita. Naturalmente, enseguida quise saber qué era aquel olor que había despertado mis recuerdos. –Es espresso –respondió el camarero–. Yo no sabía qué era un «espresso», pero pedí la misteriosa bebida. Cuando me sirvió aquella taza tan pequeña mis amigos se rieron, ya que consideraban ridículo pagar tanto por tan poca cantidad.

Pero mi nariz no me había engañado. Ese café italiano sabía tan fantásticamente que enseguida se me apareció la figura de mi abuela. Pero había una diferencia: el espresso no dejaba poso como el café turco y tenía una cremosa espuma en la superficie. Al dar el primer sorbo debí poner cara extraña, ya que el camarero me explicó que el espresso se tomaba con suficiente azúcar para que la cuchara quedara tiesa en la taza. Aunque me parecía demasiado, eché dos cucharadas. Al removerlo, el café se abrió como una flor. Con este primer sorbo empezó una oscura pasión que aún perdura.

Del árbol a la taza

El descubrimiento del café está ligado a diferentes leyendas. Una de ellas cuenta que los pastores de Kaffa, en Abisinia (actualmente Etiopía), pidieron ayuda a los monjes de un convento cercano porque sus ovejas no paraban de alborotar. Los monjes descubrieron que en el lugar en el que habían estado los animales había unas plantas con frutos de color verde, amarillo y rojo que, al parecer, las ovejas habían probado.

Como esta leyenda hay muchas, y ninguna de ellas es definitiva. Lo que sí parece claro es que el café fue descubierto en Etiopía, probablemente en la región de Kaffa. Lo que es bastante improbable es que los antiguos etíopes tostaran los granos y elaboraran una bebida con ellos.

Una vuelta al mundo

La palabra «café» procede del antiguo término árabe *qahwah*, que sirve para designar todas aquellas bebidas extraídas de plantas, como el vino. En el siglo XVII, cuando el café llegó a Europa, se le llamó inicialmente «vino árabe».

El café es una planta cultural con una corta pero dramática historia. Las primeras plantas fueron cultivadas en el siglo XI,

en zonas de regadío del Yemen, cerca del Mar Rojo. Desde este lugar, su cultivo se extendió al norte de la península arábiga. A partir de 1517, con la conquista de los turcos, el cultivo del café se extendió a los territorios conquistados por el Imperio Otomano. Al mundo islámico le vino muy bien la llegada de esta nueva bebida, ya que su religión les prohibía el alcohol.

Poco a poco fueron llegando a Europa noticias sobre esta negra infusión, hasta que en 1615 unos comerciantes venecianos introdujeron en Italia unos cuantos sacos de café procedentes de la ciudad portuaria de Moka, situada en el Yemen. En 1645 se inauguró en Venecia la primera «casa de café», establecimiento en el que se servían las tazas de esta nueva bebida.

Al cabo de poco tiempo, estas primeras cafeterías se extendieron a Inglaterra, Francia, Holanda y, en 1673, a Alemania. Cuando en 1683 los turcos fueron derrotados en Viena, dejaron en su huida trescientos sacos de café sin tostar. Franz Georg Kolschitzky se apoderó del tesoro y abrió su propio negocio, que se convertiría en el famoso Café Viena. Este lugar sería el punto de reunión predilecto de los vieneses. En 1760 se habían abierto en Viena doscientos cafés más.

Al principio todo el café procedía del Yemen y los productores intentaban proteger su monopolio. Pero los ho-

landeses se apoderaron de semillas que plantarían en Ceilán (actual Sri Lanka), hasta que un hongo destruyó las plantas y obligó a trasladar el cultivo a Java y Sumatra. Por lo tanto, en 1658 ya existían plantaciones de café en colonias holandesas.

Hasta mitad del siglo XVIII el café sólo se tomaba en ambientes aristocráticos. Pero con la revolución industrial, el café bajó de precio gracias a los nuevos métodos de producción. Hasta 1850 el café había sido una cara bebida burguesa que despertaba y aclaraba la mente. Con las innovaciones agrícolas y técnicas, el café se convirtió en una bebida asequible de carácter popular. Entre las distintas clases de *coffea*, nombre que recibe en botánica, hay plantas y arbustos con semillas que no son aptas para la elaboración de café. Para el consumo hay dos variedades importantes: la arábica y la robusta; menos utilizadas son la libérica y la excelsa. Más del setenta por ciento de las plantaciones se encuentran en Brasil, Colombia, México y América Central. Sólo pueden plantarse a más de novecientos metros de altura. Necesitan un clima regular y templado y, sobre todo, mucha lluvia.

La variante arábica da el café de mejor calidad: posee un sabor y aroma complejos, poca acidez y, en comparación con otros tipos de café, tiene poca cafeína (entre 0,7 y 1,5 %). Hasta mediados del siglo XIX sólo se cultivaba esta variante, pero sus plantas son muy delicadas, enferman con facilidad y no soportan las heladas. Por esta razón se buscó una planta más fuerte que se pudiera cultivar en zonas más llanas. En 1860 se descubrieron en Uganda plantas salvajes *(Coffea Canephora)* que se cultivarían posteriormente en Indonesia, Brasil y Costa de Marfil. Esta clase de café es más ácida y tiene el doble de cafeína.

Cada año se producen unos cien millones de sacos de café. Cada saco pesa unos sesenta kilos. El café es el segundo producto más vendido del planeta. Más de 25 millones de personas viven de él en el mundo. Lamentablemente, el precio lo determinan las grandes corporaciones multinacionales, lo que dificulta la vida de los campesinos.

La mitad del cultivo mundial de café está controlado por empresas medianas y grandes que poseen de dos a veinte

hectáreas de cafetos cada una. El resto pertenece a pequeños campesinos que tienen menos de dos hectáreas. El trabajo en las plantaciones es muy intenso. En un plazo de dos a tres meses deben recolectarse todos los granos maduros a mano y de uno en uno.

EL FRUTO DEL CAFÉ se compone de una pulpa blanda y dos semillas, los granos de café. El fruto maduro debe dejarse secar inmediatamente hasta que se pueda extraer el grano. Hay otro método mucho más caro con agua. Los granos se extraen automáticamente con una máquina a la vez que se lavan. Con este sistema se consigue un café de mayor calidad.

TRAS PULIR, separar y limpiar los granos, éstos se almacenan en sacos de yute. El tostado y el molido se hace en los países donde se venderá el café. De esta manera, los campesinos del Tercer Mundo sólo reciben un miserable porcentaje del precio final. Por sus derechos están luchando diversas organizaciones no-gubernamentales.

EN LA MANERA EXACTA de preparar el café intervienen todo tipo de factores culturales o sociales, pero lo que sí es igual para todos es su elaboración: a los granos tostados y molidos se les añade agua caliente para conseguir una bebida aromática y sabrosa. Este proceso puede hacerse con cafetera automática, de filtro, máquina exprés, etcétera. El método depende del gusto de cada uno. La preparación del café es todo un ritual.

La tradición cafetera turca

En Turquía el café hace muchos siglos que forma parte de los grandes y pequeños acontecimientos diarios.

Su elaboración siempre ha sido la misma. Requiere mucha atención y destreza, sobre todo si se prepara para ocasiones especiales; por ejemplo, cuando un hombre pide formalmente la mano de una mujer, costumbre muy arraigada en algunas zonas de Turquía.

El café turco se prepara en el denominado «cevze». Se trata de una especie de cacerola de cobre o latón con el interior de estaño. Existe en diferentes tamaños. Los mejores son los de cobre, ya que el calor se expande más rápido. El café turco se puede servir con distintas variaciones. El sabor puede ser desde muy dulce hasta sin azúcar. En algunos lugares de Turquía se aromatiza con semillas de cardamomo, que le dan un toque exótico. El tipo de café que se utiliza es el arábica, con granos claros y finamente molidos; a ser posible poco antes de su preparación para conservar todo su aroma y sabor.

Café turco
[KHAVE]

TIEMPO DE PREPARACIÓN: 10 MINUTOS

> **Vierte en el «cevze» agua fría,** añade el azúcar y posteriormente el café.
>
> **Calienta a fuego medio** y remueve de vez en cuando la parte superior de la mezcla para que se forme espuma. Es importante no rozar el fondo del cevze.
>
> **Cuando el café hierva,** tienes que sacarlo un momento del fuego para llenar un tercio de la taza. Calienta de nuevo y, antes de que vuelva a hervir, retira para acabar de llenar la taza.
>
> **El café debe servirse muy caliente** y con espuma. Antes de tomarlo, es necesario esperar a que el poso de café esté en el fondo de la taza.

Para 1 taza

2 cucharaditas de azúcar (para un café medio dulce)

2 cucharaditas de café molido muy fino (preferentemente arábica)

Pastel Revani

El nombre de este postre proviene del conocido **POETA TURCO REVANI**, que en el siglo XVI hizo grandes elogios a este **PASTEL DULCE CON LIGERO SABOR ÁCIDO**. Por sus características, sirve como perfecto acompañante del **CAFÉ TURCO**.

TIEMPO DE PREPARACIÓN:
1 HORA + TIEMPO DE REPOSO

PRECALIENTA EL HORNO a 180 ºC. Cubre un molde rectangular con papel (20 cm x 30 cm) y unta con grasa.

SEPARA LA CLARA de los huevos y bate. Reserva en la nevera.

MEZCLA EN UN RECIPIENTE la harina y la sémola de trigo.

BATE LA YEMA DE LOS HUEVOS con el azúcar hasta conseguir una masa uniforme. Agrega la naranja rallada, a la que incorporarás poco a poco la mezcla de harina y sémola. Vierte finalmente las claras batidas.

TRASLADA LA MASA AL MOLDE. Deja cocer a 160 ºC durante media hora hasta que la parte superior se haya dorado.

CALIENTA MIENTRAS TANTO 300 ml de agua para el sirope. Añade el azúcar, el zumo y la ralladura de los limones y deja cocer 10 minutos. Retira del fuego y deja enfriar.

CUANDO EL PASTEL ESTÉ LISTO, retíralo del horno y déjalo reposar a temperatura ambiente. Debe estar a la misma temperatura que el sirope. Llegado a este punto, vierte el sirope hasta cubrir todo el pastel.

EL REVANI SE SIRVE en pequeñas porciones, a las que se añade una guarnición de coco o pistacho.

PARA 6 PERSONAS

Para la masa:
6 huevos
60 g de harina
120 g de sémola de trigo
120 g de azúcar
Ralladura de naranja
Grasa y papel para el molde

Para el sirope:
160 g de azúcar
El zumo y la ralladura de 2 limones

Para decorar:
Coco rallado o pistachos molidos

Keskül
[Crema de almendras]

Éste es un **POSTRE TÍPICO** de Turquía. Es muy fácil de elaborar, ya que es básicamente un **PURÉ DE ALMENDRAS Y LECHE** al que se añade **HARINA DE ARROZ**. Los griegos se apoderaron de la receta y llaman a este plato «DULCE AMIGDALON».

TIEMPO DE PREPARACIÓN: 1 HORA + TIEMPO DE REPOSO

- **HIERVE LAS ALMENDRAS** un par de minutos. Cuando se hayan enfriado un poco, pélalas con los dedos y mézclalas con un poco de leche. Con la batidora prepara un puré con los dos ingredientes.

- **AÑADE UN POCO DE LECHE** a la harina de arroz y remueve.

- **MEZCLA LA LECHE SOBRANTE** con el azúcar y caliéntala a fuego lento en un cazo hasta que hierva, sin dejar de remover. Añade finalmente toda la leche hirviendo. Agrega poco a poco el puré de almendras. Deja hervir toda la mezcla unos 20-30 minutos mientras vas removiendo.

- **CUANDO LA CREMA ESTÉ ESPESA**, repártela en pequeños cuencos y déjala enfriar. Decora con almendras trituradas. Sírvela muy fría.

PARA 4 PERSONAS

120 g de almendras
600 ml de leche
30 g de arroz molido o harina de arroz
120 g de azúcar
1 cucharada de pistachos molidos y nueces

CONSEJO

La harina de arroz se elabora a partir de granos de arroz blanco molidos. Se encuentra en tiendas de dietética o productos naturales. Es importante remover la masa constantemente para evitar que se queme.

CAFÉ Y ARTE EN VIENA

Una cafetería vienesa es —o al menos así piensan los turistas— algo más que un lugar en el que tomar un café.

Hubo un tiempo en el que la cafetería era un lugar de encuentro donde poetas, pensadores y escritores recibían incluso su correo. En sus pequeñas mesas escribían sus obras, disertaban sobre filosofía y discutían sobre los problemas sociales de su época. Entre las cafeterías más famosas se encuentran la Sperl, la Griensteidl (donde se desarrolló un fuerte movimiento de oposición a la emancipación de la mujer) y la Sacher (famosa por la tarta desarrollada en él por orden del príncipe de Metternich).

El nacionalsocialismo acabó abruptamente con esta tradición y hoy en día se ha perdido, en buena parte, el espíritu de las viejas cafeterías vienesas. Queda un halo de ese encanto en los pocos cafés que han pervivido en el centro de la capital austríaca. En estos establecimientos el reloj todavía gira más despacio que en el mundo exterior. Sobre esto cabe destacar lo que decía el poeta Alfred Polgar, quien afirmaba que el vienés ama su café por encima de todas las cosas, porque allí no está en casa ni tampoco al aire libre.

¿Qué es lo que caracteriza a la auténtica cafetería? Sobre todo la tranquilidad. Los vieneses acuden allí por la mañana a

leer los periódicos, y por la tarde a relajarse o a charlar con los amigos delante de una taza de café. Todavía hoy las cafeterías tradicionales ponen a disposición de sus clientes los principales periódicos y revistas y, por supuesto, un café de primera.

EN ESTOS REFINADOS LOCALES se llegó a servir más de 28 variedades de café y, hoy día, aún se puede encontrar una amplia oferta. La «Melange, mehr Licht» (del alemán 'mezcla, más luz') es, por ejemplo, una taza con más leche que café. Un «Schwarzer» ('negro') es un tazón con fuerte café de filtro, cuyos granos se tuestan algo más de lo normal, pero no tanto como para el espresso. Estas especialidades se completan con «Obers» ('nata') y un vaso de agua que las camareras rellenan regularmente. Esta tradición permitía a los antiguos literatos pasar todo el día en la cafetería «con una tacita de café y diez vasos de agua».

EL «KONSUL» ('CÓNSUL') ES UN CAFÉ solo con algo de nata. Si se le agrega un chorrito de ron, entonces es un «Fiaker». El «Kleiner Schwarzer» ('pequeño negro') o «Mokka» es un café extrafuerte de la mejor variedad arábica. El «Kapuziner» ('capuchino') emplea la misma variedad de café con nata montada. Finalmente, el «Kurzer» es un espresso de máquina como en Italia. Al final de este libro hay un glosario con todas estas y otras especialidades.

La Melange vienesa no es más que un **CAFÉ CON LECHE** de elaboración **PARTICULAR**. El más sencillo es el denominado «**CÓNSUL**», un café corto elaborado con cafetera de filtro al que se le añade **NATA LÍQUIDA**.

Melange vienesa

La escala cromática de la Melange original es hoy día sólo un recuerdo del pasado. Un célebre literato vienés estableció una escala de colores con más de veinte tonos marrones. Cuando pedía su café hacía especial hincapié en que fuera un «Melange número cinco». Éste debía ser servido tal como marcaba la escala. Si no era así, era inmediatamente devuelto al camarero.

> **PREPARA EL CAFÉ.**
>
> **CALIENTA LA LECHE** sin que llegue a hervir.
>
> **VIERTE EL CAFÉ** en una taza grande y posteriormente añade la leche.

PARA 1 PERSONA

1 taza de café soluble o espresso
Leche fresca (cantidad al gusto)

Cónsul

> **PREPARA EL CAFÉ** y sirve en la tacita.
>
> **AGREGA LA NATA** con una cucharilla encima del café y sirve inmediatamente. Este café suele ir acompañado de un vasito de agua.

PARA 1 PERSONA

1 tacita de café de sabor intenso elaborado con cafetera de filtro
1 cucharadita de nata líquida

Tarta de chocolate y moka

Las **TARTAS Y PASTELES AUSTRÍACOS** son mundialmente famosos. Su fama llegó a la cúspide con los visitantes de los **BALNEARIOS** de Bad Ischl y Badgastein, ya que estos clientes solían encontrarse cada tarde para **TOMAR CAFÉ** y **SABOREAR ALGO DULCE**.

TIEMPO DE PREPARACIÓN: 30 MINUTOS
TIEMPO DE COCCIÓN: 1 HORA

MUELE LA TABLETA de chocolate y las almendras.

PRECALIENTA EL HORNO a 180 ºC.

UNTA UNA FUENTE CON MANTEQUILLA, añade azúcar y remueve hasta que éste se haya disuelto. Agrega los huevos y las yemas, y bate todo hasta conseguir una masa espumosa.

ENGRASA BIEN EL MOLDE y espolvorea con harina. Rellena con la masa y hornea por espacio de una hora a 160 ºC. Para saber si el pastel está listo, pincha con un palillo; si sale limpio, la tarta está en su punto. Déjalo reposar unos minutos y sácalo del molde. Deja enfriar.

PARA LA COBERTURA, funde el chocolate al baño maría. Una vez deshecho, pinta con él el pastel y decora con las virutas de almendra.

PARA UN MOLDE DE 20 CM Ø

100 g de chocolate amargo en tableta
75 g de almendras laminadas
150 g de mantequilla tibia
150 g de azúcar en polvo
2 huevos
3 yemas de huevo
75 g de harina
2 cucharadas de moka
2 cucharaditas de levadura
Grasa y harina para el molde

Para la cobertura de la tarta:
100 g de chocolate
30 g de virutas de almendra

Gugelhupf

Esta especialidad imita, en cuanto a la forma, a un antiguo pastel de molde **ROMANO** que simbolizaba un **SOL EN ROTACIÓN**. Lo que no está claro es de dónde proviene su nombre. La vienesa Emma Eckhardt afirma que hace referencia al **PAÑUELO QUE LLEVABAN LAS CAMPESINAS** austríacas en la cabeza y que se denomina «Gugel».

TIEMPO DE PREPARACIÓN: 20 MINUTOS
TIEMPO DE COCCIÓN: 60-70 MINUTOS

Precalienta el horno a 180 ºC.

Mezcla en una fuente la mantequilla y el azúcar. Remueve bien. Separa los huevos. Agrega los huevos y la ralladura de limón a la mantequilla y el azúcar. Remueve hasta lograr una masa espumosa. Añade las virutas de almendra y las pasas.

Bate las claras de huevo y agrégalas cuidadosamente a la mezcla. Espolvorea por encima la harina y la levadura, y remueve.

Engrasa el molde y espolvorea con harina. Reparte la masa y deja cocer por espacio de 60 a 70 minutos a 160 ºC. Para saber si el pastel está listo lo pincharemos con un palillo; si éste sale limpio, entonces la tarta está en su punto. Déjalo reposar unos minutos y sácalo del molde. Déjalo enfriar. Decora con el azúcar en polvo.

Para la masa

170 g de mantequilla tibia
140 g de azúcar
4 huevos
La ralladura de 1 limón
40 g de pasas
40 g de virutas de almendra
280 g de harina
1 paquete de levadura

Para el molde:
Grasa y harina

Para decorar:
Azúcar en polvo

Espresso & Co., cultura y bares

Para mí, el mejor modo de preparar un café es el espresso, que en Italia llaman sencillamente «caffè». Éste es el rey de los cafés: aromático, caliente, sabroso y revitalizante.

Sin embargo, el «espresso» (que significa 'rápido') es asimismo la base de muchas otras especialidades a base de café, como el «macchiato», el «cappuccino» o el «coretto».

La elaboración de un verdadero espresso es todo un ritual que arranca en la Italia de hace más tres siglos. Esta especialidad no se puede preparar con una cafetera normal y corriente. Por definición, un espresso bien hecho necesita de una técnica muy concreta: de seis a siete gramos de café molido muy fino por cada taza, que es prensado con una fuerza de nueve o diez bares para que filtre agua a 90 ºC. Este proceso puede durar en la máquina un máximo de treinta segundos, de modo que las sustancias aromáticas del café se disuelvan convenientemente y se consiga una crema espesa y sólida de tres milímetros de altura.

Este procedimiento necesita una máquina bastante sofisticada. A principios de los años sesenta (la década de las misiones espaciales), la marca italiana Faena lanzó al mercado una pequeña maravilla: la Faema E 61, una máquina de café para el sector de la restauración que funcionaba en un principio con gas y pos-

teriormente con electricidad. Era fácil de utilizar, la temperatura del agua se mantenía constante y una bomba incorporada garantizaba la presión necesaria. Además, esta máquina dispensaba agua caliente y vapor para calentar la leche y hacer espuma, la base de un buen cappuccino. Casi todas las máquinas profesionales que se fabrican hoy en día se fundamentan en los principios de este diseño pionero.

PERO TAMBIÉN puede prepararse un buen espresso en casa sin una máquina profesional. Una alternativa sencilla y económica son las clásicas cafeteras de rosca para el fogón. El único inconveniente es que con estas cafeteras no se obtiene la preciada crema que distingue el espresso. Los fabricantes de electrodomésticos y los grandes tostadores lanzan continuamente nuevas máquinas y productos para uso profesional y doméstico. Hay muchos tipos de café especialmente tostado y molido para ese fin, y también envases individuales que a menudo se acercan al sabor y el aroma de las mejores máquinas de restaurante.

MEZCLA: Para la elaboración del espresso se emplean casi exclusivamente variantes del tipo arábica. La combinación perfecta de granos de café de distintos cultivos es todo un arte. De este proceso casi alquímico depende la calidad y el sabor del café que llega a la taza. La mezcla y el tostado del grano determinan, en gran parte, el aroma y la armonía del sabor; por este motivo, cada tostador guarda celosamente su fórmula para dar a su producto un carácter exclusivo. Tras la mezcla

viene el tostado, que despierta los aromas contenidos en el grano.

PARA EL ESPRESSO, los granos deben tostarse más que para el café de filtro. Sin embargo, también en esto hay diferencias regionales. En los países del sur de Europa se prefiere un tostado más prolongado (y, por lo tanto, más oscuro) que en los del norte. Esto explica que una misma marca de café tenga un sabor diferente en Italia que en Alemania.

MOLIDO: Los granos de café molido pierden en poco tiempo su aroma y con ello parte de su sabor. Por lo tanto, se sobrentiende que para preparar un buen espresso, los granos tienen que haberse molido inmediatamente antes. Lo ideal es lograr una mezcla de harina de café junto con un polvo más grueso. Se sabe que el molido ha sido correcto por el tiempo que tarda en filtrarse el agua en la taza: treinta segundos con una máquina de bar y de quince a veinte segundos si es una cafetera doméstica, para una dosis de seis a siete gramos por taza. Si el café se muele más fino de lo indicado, el agua tardará más en llenar la taza y el café será demasiado fuerte y amargo. Si el molido es, por el contrario, demasiado grueso, el agua pasará demasiado rápidamente y el café será pobre en aroma y sabor.

MÁQUINA: Pese a que las máquinas profesionales funcionan de manera casi automática, hay que regular a mano la temperatura y la presión del agua. Los especialistas en preparar café espresso lo hacen diariamente. También es importante lavar asiduamente las piezas que están en contacto con el café. El café contiene muchos aceites que con el tiempo se vuelven rancios y alteran el sabor de la bebida. Tan importante como la técnica y el cuidado es el agua. El agua perfecta para hacer café debe ser fresca y rica en minerales (pero no en calcio, ya que acabaría obturando los conductos de la máquina). El agua del grifo (blanda y a menudo clorada) no es en absoluto adecuada, ya que echa a perder los delicados aromas del café. Para aparatos domésticos se recomienda el uso de agua mineral pobre en calcio.

MAESTRO CAFETERO: El preparador es el eslabón más importante de esta cadena. Sólo hay que observar con qué amor y cuidado maneja un especialista italiano su «macchina». Regula con precisión el grado de molienda, fija la temperatura y la presión del agua, pone la cantidad justa de café y da vida cada treinta segundos a un nuevo «caffè». No se impacienta, está pendiente de la preparación y tiene su máquina siempre reluciente y a punto.

PAUSA PARA EL CAFÉ

Cappuccino

Sobre este café con leche coronado de espuma hay mucha discusión. ¿Para tomar después de comer? ¡Nunca! El estómago está demasiado lleno para agregarle leche. ¿Cómo aperitivo antes de comer? Ni hablar. La combinación de espresso, leche y azúcar mata cualquier apetito. ¿Cuándo se toma entonces el cappuccino?

En Italia es la bebida preferida para los desayunos y para acompañar pastas dulces. Su nombre hace referencia al «cappuccio» ('caperuza'), concretamente el hábito de la orden de los capuchinos. Éstos llevan un hábito marrón que recuerda a esta bebida, que significa exactamente 'pequeña caperuza'.

Para preparar un buen cappuccino, es preferible emplear leche fría homogeneizada y desnatada (la leche entera tapa demasiado el sabor del café). La cantidad de leche necesaria se pone en una jarrita resistente al calor y se sumerge en el vaporizador de la cafetera. Hay que dejar entrar el vapor poco a poco. Es importante mover la jarrita de manera que la espuma se reparta por toda la superficie produciendo muchas burbujitas. La leche no debe hervir en ningún caso, sólo hay que calentarla a unos 60 ºC. La cantidad de espresso en la taza debe ser equivalente a la cantidad de leche espumosa que verteremos para hacer el cappuccino. La leche y el café pueden mezclarse con una cucharilla para obtener un color marrón uniforme coronado de una capa de espuma blanca (que a menudo se espolvorea con cacao en polvo).

Si no se dispone de una máquina de espresso con tubo vaporizador puede batirse la leche hasta obtener espuma. Tal vez la crema no aguante tanto, pero produce buena impresión y sabe muy bien.

Latte macchiato

A diferencia del cappuccino, el «latte macchiato», como su nombre indica ('leche manchada'), consiste básicamente en leche caliente aromatizada con unas gotitas de espresso. Al igual que el cappuccino, no se toma antes o después de las comidas, sino por la mañana (con el desayuno) o entre horas para hacer una pausa. Es ideal para acompañar cualquier tipo de tostada, panini o sándwich.

A menudo se confunde el latte macchiato con el cortado o el café con leche, pero no tiene nada que ver. Hay dos grandes diferencias. En primer lugar, el latte macchiato se prepara con espresso, mientras que el cortado o el café con leche se preparan (en la mayoría de países) con café fuerte de filtro. Esta especialidad italiana se sirve, además, en un vaso que no exceda el 1/4 de litro. La leche no puede hervir y hay que evitar que haga espuma. Primero se vierte en el vaso la leche caliente y luego se agrega el espresso cuidadosamente, de modo que se obtenga un bello juego de colores marrón oscuro y marrón claro.

Espresso shakerato

Si ya es difícil hacer un buen café espresso **CALIENTE**, más difícil aún es **PREPARARLO FRÍO**. Es necesario utilizar mucho azúcar para que el sabor tenga suficiente fuerza.

TIEMPO DE PREPARACIÓN: 10 MINUTOS

RELLENA UNA COCTELERA con hielo y vierte en ella el café espresso. Agrega el azúcar en polvo y agita. Sirve la mezcla en un vaso de aperitivo.

VARIACIONES

EL ESPRESSO SHAKERATO es una excelente bebida refrescante. Si se le agrega la ralladura de una naranja o bien un poco de licor adquiere un toque mágico.

PARA 1 VASO

1 taza de café espresso
2 cucharaditas de azúcar en polvo
Cubitos de hielo

CONSEJO

Si no disponemos de una batidora especial, podemos utilizar una batidora normal de cocina. En tal caso debe reducirse la cantidad de helado, ya que de lo contrario la mezcla se convertiría en «café frappé».

Espresso helado

TIEMPO DE PREPARACIÓN: 20 MINUTOS
TIEMPO DE REPOSO: 4 HORAS

MEZCLA EN UN CAZO LA LECHE, el azúcar y la ralladura de limón. Ralla la vainilla y agrégala a la mezcla. Caliéntala a fuego lento y déjala hervir unos 5 minutos.

AÑADE EL CAFÉ Y EL RON. Retira el cazo del fuego y déjalo enfriar. Cuela la mezcla y viértela en un cuenco plano. Reserva en el congelador.

PASADOS 30 MINUTOS, retira la mezcla del congelador y remuévela con un tenedor. A las 4 horas tendremos una crema de helado compacta. Sirve en cuencos pequeños.

PARA 6 PERSONAS

400 ml de leche
3 cucharadas de azúcar
La ralladura de 1 limón
1 rama de vainilla
400 ml de café recién hecho
3 cl de ron negro

Granos de café y chocolate

En **MUCHOS PAÍSES** el postre significa el final de una buena comida. Por esta razón es tan importante su **ELABORACIÓN Y PRESENTACIÓN**.

Los **DULCES CORONAN EL MENÚ** y son lo que el comensal recuerda más gratamente; sobre todo si acompañan a una buena taza de café.

En otras ocasiones, el mismo café se convierte en un **INGREDIENTE MÁS** y da lugar a exquisitos postres llenos de intensidad.

Consejo

Existe la posibilidad de añadir más de una capa de chocolate. Pero esto debe hacerse de forma cuidadosa, ya que una nueva capa puede derretir la anterior.

TIEMPO DE PREPARACIÓN: 30 MINUTOS
TIEMPO DE REPOSO: 2 HORAS

> **Trocea el chocolate blanco** y caliéntalo al baño maría hasta que se diluya.
>
> **Mezcla cuidadosamente** con un tenedor los granos de café con el chocolate. Al sacarlos, ponlos separadamente sobre el papel. Deja enfriar.
>
> **Cuando el chocolate se haya solidificado**, haz pequeñas formas imitando los granos de café. Reserva en la nevera hasta que el chocolate esté totalmente duro.
>
> **Trocea el chocolate con leche.** Derrite al baño maría. Agrega los nuevos granos de café y haz bolitas. Espolvorea las formas con cacao en polvo y deja enfriar.

Para 4 personas

50 g de chocolate blanco
50 g de granos de café tostado
50 g de chocolate con leche
2 cucharadas de cacao en polvo
Papel de hornear

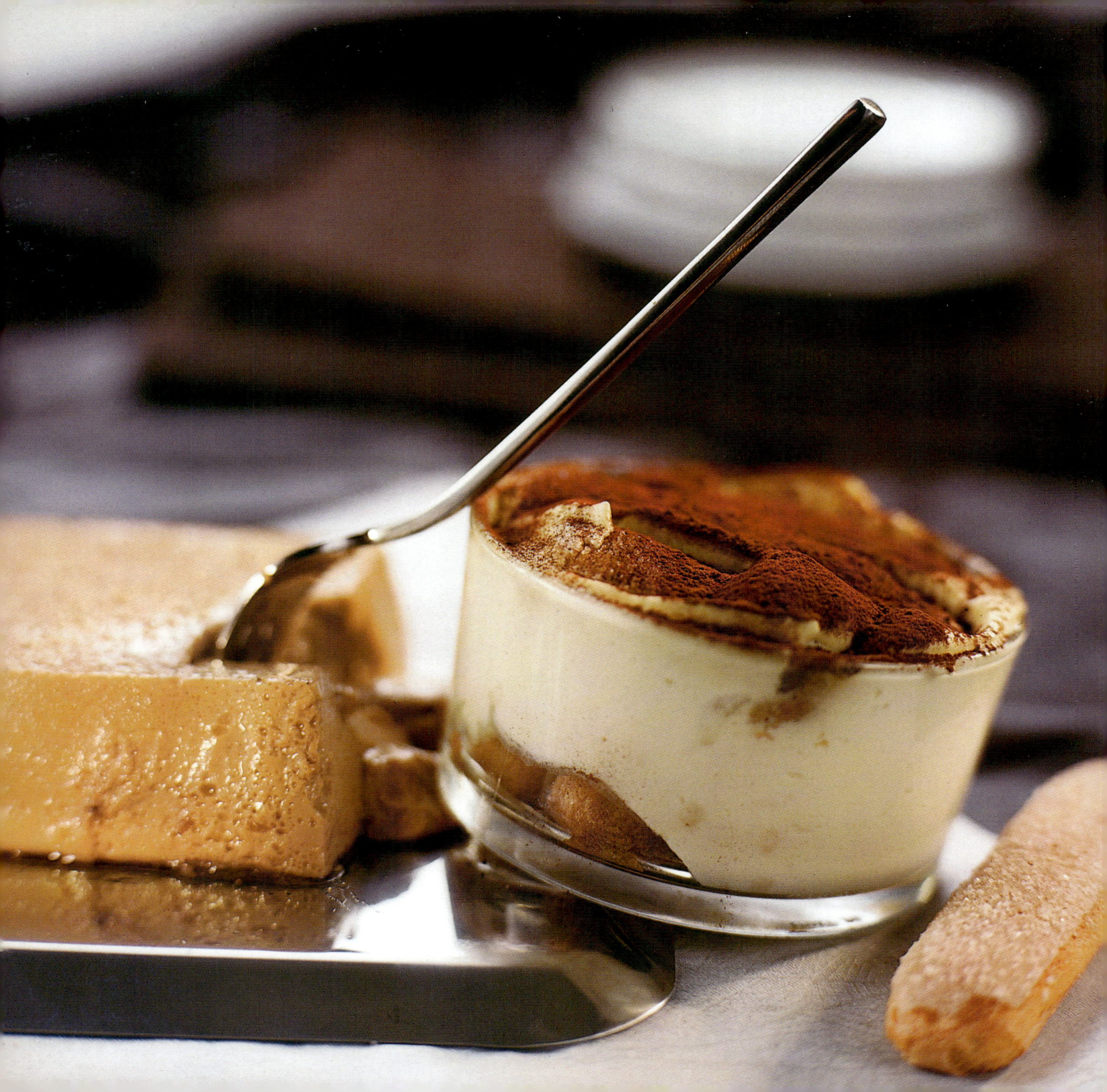

Caffè in forchetta
[CAFÉ EN EL TENEDOR]

TIEMPO DE PREPARACIÓN: 20 MINUTOS
TIEMPO DE COCCIÓN: 1 HORA

> **PRECALIENTA EL HORNO A 180 ºC.** Unta un molde plano de unos 23 cm de largo con el aceite de almendras.

> **BATE LOS HUEVOS EN UN CUENCO** y agrega el azúcar. Poco a poco agrega la leche y el café. Vierte la mezcla en el molde.

> **PON EL MOLDE EN EL HORNO,** al baño maría, durante 20 minutos. Pasado este tiempo, hay que cubrirlo con papel de aluminio y dejarlo 40 minutos más hasta que la crema quede compacta.

> **RETIRA EL MOLDE DEL HORNO** y déjalo enfriar. Saca la crema de café cuidadosamente y sírvelo en una bandeja. El postre está listo.

PARA 4 PERSONAS

1 cucharada de aceite de almendras
   (o bien aceite neutro)
4 huevos
4 cucharadas de azúcar
420 ml de leche
60 ml de café

Tiramisú

TIEMPO DE PREPARACIÓN: 30 MINUTOS
TIEMPO DE REPOSO: 5 HORAS

> **BATE LAS YEMAS Y EL AZÚCAR** con la batidora a máxima potencia. Añade el mascarpone a cucharadas. Agrega la ralladura de limón.

> **MEZCLA EL ESPRESSO** con el brandy. Moja los bizcochos en el café para colocarlos en un molde plano. Vierte sobre ellos la mitad del mascarpone. Repite la operación empezando por los bizcochos y acabando con el mascarpone.

> **DEJA REPOSAR EL MOLDE** entre 4 y 5 horas. En el momento de servir espolvorea el tiramisú con el cacao en polvo.

PARA 8 PERSONAS

4 yemas de huevo frescas
4 cucharadas de azúcar
500 g de mascarpone
   (queso fresco italiano)
1 cucharadita de ralladura de limón
2 tacitas de café espresso frío
4 cucharadas de brandy
150 g de bizcochos
2-3 cucharadas de café sin endulzar

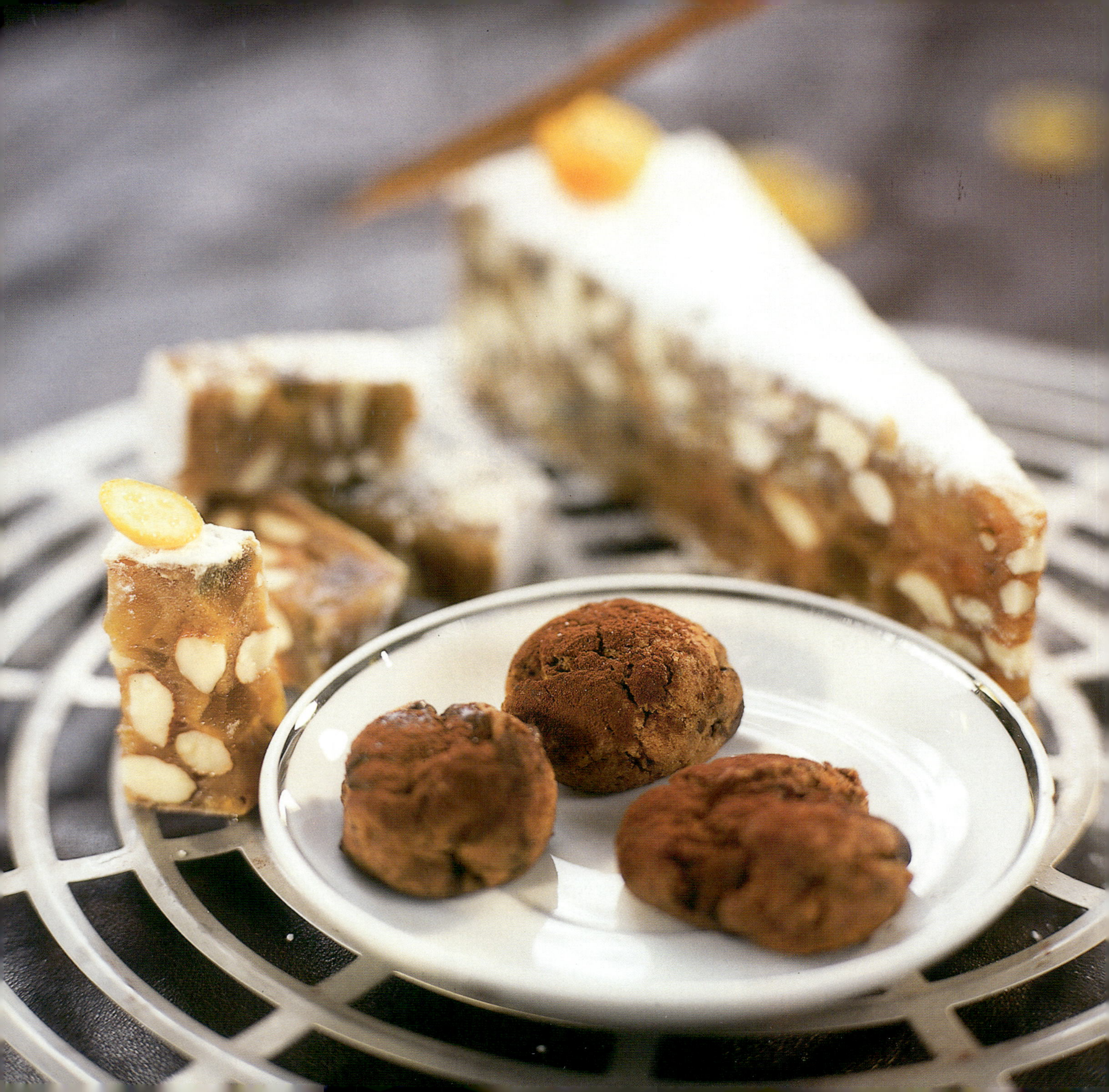

Panforte de Siena
[PASTEL CON ESPECIAS]

Este pastel originario de Navidad se sirve actualmente todo el año como postre en los restaurantes y trattorias de Siena y alrededores.

TIEMPO DE PREPARACIÓN: 45 MINUTOS
TIEMPO DE COCCIÓN: 30 MINUTOS

> **Saltea los frutos secos** en una sartén. Deja enfriar y muele.

> **Corta a dados los higos**, el espejuelo de naranja, la cáscara de citra y las cerezas confitadas. Mezcla con los frutos secos y las especias. Precalienta el horno a 150 °C. Prepara el molde con la grasa y la harina.

> **Calienta en un pote** el azúcar en polvo y la miel, hasta crear una especie de hilos. Retira del fuego y agrega la mezcla anterior y la harina.

> **Coloca la masa** en el molde y hornéala durante 30 minutos (el horno debe estar a 140 °C). Una vez listo, retíralo y déjalo enfriar. Decora con el azúcar en polvo y córtalo en trozos pequeños.

PARA UN MOLDE DE 24-28 CM Ø

100 g de almendras, nueces y avellanas peladas
50 g de espejuelo de naranja, cáscara de citra confitada y cerezas confitadas
150 g de higos secos
1/2 cucharadita de canela en polvo
Una pizca de clavo molido, jengibre y cilantro
Una pizca de nuez moscada recién molida
150 g de azúcar en polvo
100 g de miel
2 cucharadas de harina
Grasa y harina para el molde
Azúcar en polvo para decorar

Galletas de chocolate

TIEMPO DE PREPARACIÓN: 45 MINUTOS

> **Trocea el chocolate.** Coloca el papel en la bandeja y precalienta el horno a 190 °C.

> **Mezcla el azúcar**, la mantequilla y el aroma de vainilla en un cuenco y remueve. Agrega el huevo, la harina, la levadura, el chocolate, el coco rallado y la ralladura de limón. Mézclalo todo bien.

> **Prepara con la masa** pequeños círculos planos que se repartirán por la bandeja. Hornea durante 15 minutos a 170 °C. Cuando las galletas estén listas, déjalas enfriar. Espolvorea sobre ellas el cacao en polvo. Sirve café caliente como acompañamiento.

PARA 4 PERSONAS

250 g de chocolate con leche
125 g de mantequilla derretida
200 g de azúcar
1 cucharadita de aroma de vainilla
1 huevo
350 g de harina
1 cucharadita de levadura
100 g de coco rallado
1 cucharadita de ralladura de limón
Papel para la bandeja del horno
Cacao en polvo para decorar

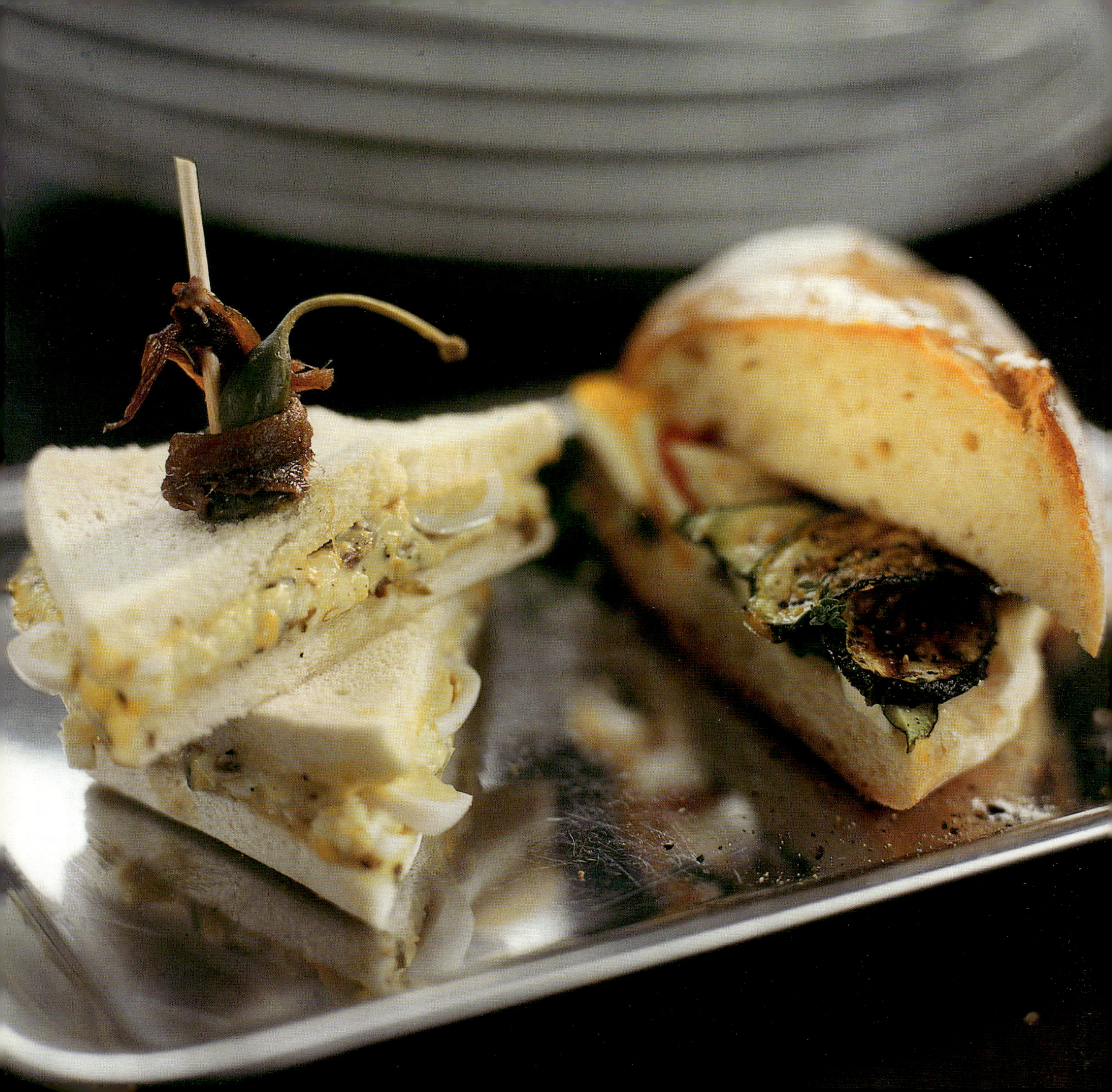

En casi todos los **BARES Y CAFETERÍAS** de Italia hay algo de comer. Al lado de los dulces encontramos tostadas, paninis y sandwiches, en italiano «**TRAMEZZINI**».

Tramezzini con huevo y boquerones

TIEMPO DE PREPARACIÓN: 15 MINUTOS

> **Unta las rebanadas** de pan con mayonesa. Corta los huevos en láminas finas. Pon la mitad de ellas en 4 rebanadas de pan. Agrega los filetes de boquerón y cúbrelos con el huevo restante.
>
> **Tapa las rebanadas** y aprétalas un poco. Retira los bordes, córtalas en diagonal y sirve.

Panini

TIEMPO DE PREPARACIÓN: 30 MINUTOS

> **Lava y corta** a rodajas los calabacines. Saltéalos en una sartén con aceite.
>
> **Lava y corta** los tomates a láminas finas. Corta la mozzarella en rodajas.
>
> **Parte los panini** por la mitad y cubre ambas mitades con el calabacín, el tomate y la mozzarella. Salpimenta. Añade un poco de aceite de oliva. Decora con hojas de rucola. Sirve envueltos en una servilleta de papel.

Consejo

No hay que poner límites a la imaginación al elaborar el relleno de los tramezzini. Los tramezzini también se pueden servir tostados.

Para 4 personas

8 rebanadas de pan de molde
120 g de mayonesa
4 huevos duros
8 filetes de boquerón

Para 4 personas

1-2 calabacines
Aceite de oliva
2 tomates maduros
2-3 bolas de mozzarella
4 panini (panecillos de baguette)
Sal y pimienta
Hojas de rucola para decorar

Seducción francesa

CUANDO UNO VIAJA A FRANCIA, NUNCA DEBE COMETER EL ERROR —COMO YO— DE PEDIR UN CAFÉ SOLO CON EL DESAYUNO.

Es sencillamente intragable. Los franceses empiezan el día con una gran taza de café con leche; de hecho, es casi tan grande como un bol de sopa, y a menudo no dispone de asa. Al fin y al cabo, no serviría de mucho, ya que el tazón suele ser tan grande que se necesita de ambas manos para poderlo sostener. El café con leche en este país consta de una medida de café y otra medida igual de leche muy caliente.

SE ACOMPAÑA DE una baguette con mermelada y mantequilla o de un croissant. Así la mente se mantiene despierta hasta bien entrado el mediodía, que es cuando los franceses se sientan a comer en serio. Como postre, o bien después de éste, suelen pedir un café bien cargado para hacer la digestión y recargar las pilas.

TODAVÍA QUEDAN EN PARÍS pequeños cafés en las esquinas donde los vecinos del barrio, y algún que otro visitante, se reúnen para comentar la jornada. Estos genuinos puntos de encuentro existen desde 1690, época en la que la ciudad albergaba más de doscientos cafés de este tipo. Allí se inspiraron los grandes revolucionarios, quienes concebían sus mejores ideas saboreando unos cuantos «ballon rouge», pequeños vasos de vino.

En Francia, el café suele elaborarse con el método «presso», es decir, con una cafetera de cristal que lleva incorporado una especie de colador plano; éste se presiona hasta el fondo del recipiente una vez el café ha reposado. Estas cafeteras pueden adquirirse en cualquier tienda de menaje del hogar.

La cafetera hizo su debut en Francia en 1658 y su uso se extendió durante el reinado de Luis XIV. En principio no era más que una simple jarra con un recipiente que servía para calentar agua mediante una lámpara de alcohol.

El café francés tiene un sabor particular. Normalmente se elabora con granos de la variante arábica procedente de Costa Rica, conocida por su sabor intenso y por su acusado grado de acidez. Este tipo de café, además, se tuesta durante mucho tiempo.

El método francés requiere que el café no esté muy molido. A veces, especialmente por la mañana, se mezcla con achicoria para dotarlo de un sabor más intenso y aromático. Una vez se le ha añadido la leche, se convierte en una apetitosa bebida de tono acaramelado.

Un cuenco de café con leche ya llena por sí solo, pero si además añadimos la típica baguette, un croissant o una pasta de hojaldre, tendremos un desayuno completo que nos proporcionará suficiente energía hasta el mediodía.

Café au lait
[Café con leche]

El café se mezcló con **ACHICORIA** por primera vez en la **ÉPOCA COLONIAL,** ya que hubo un aumento de los impuestos para evitar que las divisas huyeran al extranjero. El nombre que dan los franceses a esta mezcla es **«MOCCA FAUX»** ('moka falso').

TIEMPO DE PREPARACIÓN: 10 MINUTOS

> **Calienta ½ litro de agua fresca.** Muele (no muy fino) los granos de café, que se pondrá en una cafetera de cristal con filtro. Agrega la achicoria a voluntad. Cuando el agua hierva, hay que retirarla del fuego y esperar a que deje de hervir.
>
> **Vierte el agua encima del café** y remueve. Tapa la cafetera sin quitar el filtro hasta pasados 5 minutos (hay que quitarlo muy lentamente).
>
> **Calienta la leche a 60 ºC** (debe estar muy caliente, pero nunca en el punto de ebullición).
>
> **Una vez lista, guárdala en una jarra.** Sirve el café con leche con las dos manos. Con una vierte el café y con la otra la leche. Debe quedar repartido a partes iguales. Puede servirse en una taza grande o bien en un cuenco.

Para 4 tazas grandes

40 g de café de sabor intenso
1/4 de tableta de achicoria (al gusto)
1/2 l de leche

Consejo

A la hora de escoger el café es importante que sea un arábica de tipo moka. Para que no pierda su aroma es aconsejable molerlo justo antes de cocer.

Brioche

La **FORMA CLÁSICA** de este pastel es rectangular, con **ONDAS EN LA SUPERFICIE**. La receta que sigue es una versión simplificada, ya que normalmente el **BRIOCHE** necesita unas 12 horas para completar su elaboración. Lo mejor es comerlo **RECIÉN HECHO**, ya que entonces es cuando más se saborea el aroma a mantequilla.

TIEMPO DE PREPARACIÓN: 30 MINUTOS
TIEMPO DE REPOSO: MÍNIMO 1 HORA
COCCIÓN: 1 ¼ HORAS DE COCCIÓN.

FUNDE LA MANTEQUILLA en la sartén y déjala enfriar.

VIERTE LA HARINA en un recipiente. Disuelve la levadura y la harina en leche tibia. Bate 6 yemas de huevo junto con el azúcar. Agrega finalmente la mantequilla líquida. Haz con todo una masa de forma redonda, tápala con un pañuelo y déjala reposar en un lugar caliente de 30 minutos a 1 hora, hasta que se haya doblado su volumen.

UNTA BIEN LA MASA con mantequilla y cúbrela de harina. Amasa de nuevo hasta lograr una forma cilíndrica. Ponla en el molde y déjala reposar hasta que se haya doblado su volumen.

SUMERGE LAS PASAS en agua caliente. Precalienta el horno a 200 °C.

DEJA SECAR LAS PASAS. Repártelas por encima de la masa, incrustándolas un poco con el dedo. Bate la yema de huevo que ha sobrado y pinta con ella el pastel. Cuece el pastel en el horno (200 °C) de 10 a 15 minutos, hasta que la parte superior esté dorada. Baja la temperatura del horno a 180 °C, cubre el brioche con papel de aluminio y hornéalo durante 1 hora más. Una vez listo, sácalo del molde y déjalo reposar unos minutos. Córtalo en trozos medianos y sírvelo.

PARA 1 MOLDE DE 35 CM Ø

90 g de mantequilla
400 g de harina
30 g de levadura fresca
20 g de azúcar
190 ml de leche tibia
7 yemas de huevo
1 cucharadita de sal
½ taza de pasas
Mantequilla y harina para el molde
Harina para moldear

Eclairs
con crema de café y trufa

Los **ECLAIRS** son considerados un postre **DIFÍCIL** de elaborar. El **SECRETO RADICA** en el consejo que ofrecemos a continuación. Es recomendable prepararlos el día anterior, ya que deben estar totalmente **FRÍOS** en el momento de rellenarlos.

TIEMPO DE PREPARACIÓN: 1 HORA
TIEMPO DE REPOSO: MÍNIMO 5 HORAS

Para elaborar la crema de trufa tienes que rallar el chocolate. A continuación, mézclalo con la nata y ponlo en una cacerola. Caliéntalo sin dejar de remover hasta que la nata hierva. Añade el café instantáneo. Retira el cazo del fuego y vierte la mezcla en un cazo de metal. Sumérgelo en agua helada y mezcla hasta que la crema se haya enfriado. Reserva en el frigorífico.

Bate la crema hasta que adquiera una consistencia parecida a la nata. Guarda en frío.

Para elaborar los eclairs lleva a ebullición la leche, la mantequilla y una pizca de sal. Agrega la harina y remueve. Calienta durante 1 ó 2 minutos más.

Pon la masa en un molde. Añade inmediatamente un huevo y mezcla. Poco a poco añade los demás huevos (como se especifica en el recuadro). Cuando la mezcla brille y se pegue a la cuchara, la masa estará lista.

Calienta el horno a 220 ºC. Introduce la masa en una manga de pastelero. Prepara una bandeja con el papel. Coloca pequeñas masas de 4 cm separadas unas de otras.

Añade unas gotas de agua en la yema de los huevos y pinta los eclairs. Hornéalos entre 15 y 20 minutos hasta que se doren.

Cuando las pastas estén listas, retíralas de la bandeja y córtalas por la mitad con unas tijeras. Déjalas enfriar.

Inyecta con la manga de pastelero la crema de trufa y pon encima las coberturas doradas. Los eclairs están listos para servir.

Para 4 personas

Para la crema trufada:
60 g de chocolate
150 g de nata
1 cucharada de café instantáneo en polvo

Para los eclairs:
75 g de mantequilla
1/4 l de leche
Sal
150 g de harina
3-4 huevos pequeños
1 yema de huevo para pintar los eclairs
1 manga pastelera
Papel para la bandeja del horno

Consejo

Remover los huevos individualmente en la masa hasta que no quede ni rastro de ellos. Cuando la masa brilla y se pega a la cuchara de remover significa que ya está lista.
No abrir el horno antes de tiempo, ya que los eclairs se desmontarían.

Tarta Tatín

Este tipo de pasteles (con **MUCHA FRUTA** y poca masa) se comen en Francia como postre antes del café. La receta de **LA TARTA TATÍN** pertenece a dos hermanas, de apellido Tatín, que vivían en el Loira y **OBSEQUIABAN** a los visitantes de la ciudad de **PARÍS** con esta tarta.

TIEMPO DE PREPARACIÓN: 1 ½ HORAS
TIEMPO DE REPOSO: 1 HORA

PARA ELABORAR LA MASA, mezcla la harina con el azúcar y la sal. Agrega la mantequilla cortada a trozos pequeños. Desmenuza la masa con las manos. Añade la yema de huevo y tres cucharadas de agua fría. Haz con toda la mezcla una masa de forma redonda. Envuélvela en papel de aluminio y déjala reposar.

PARA EL RELLENO, pela las manzanas, córtalas a cuartos y retira las semillas. Unta el molde con mantequilla y espolvorea con harina. Coloca en él los trozos de manzana uno al lado de otro. Agrega el resto de mantequilla y espolvorea con azúcar.

FRÍE LAS MANZANAS A FUEGO MEDIO de 10 a 15 minutos. Precalienta el horno a 200 ºC. Coloca la masa en el molde.

RETIRA LAS MANZANAS de los fogones y pon la masa encima de ellas. Presiona los costados (¡cuidado, que quema!). Cuécela en el horno durante 20 minutos a 180 ºC. Cuando la tarta esté lista, sírvela en una bandeja. Debe comerse caliente.

SE PUEDE PONER MERMELADA de albaricoque encima de la tarta y cubrir los bordes con pistachos molidos.

PARA 4 PERSONAS

Para la masa:
125 g de harina
Una pizca de sal
20 g de azúcar
75 g de mantequilla fría
1 yema de huevo
Harina para moldear

Para el relleno:
1 ½ kg de manzanas ácidas
200 g de mantequilla
300 g de azúcar

CONSEJO

Para cocer esta tarta se necesita un molde especial de metal que pueda calentarse en los fogones. Las manzanas no pueden ser muy dulces, ya que se ablandarían muy rápido y perderían todo su jugo.

Mousse de café

El postre francés más famoso es, sin duda, la **MOUSSE DE CHOCOLATE**. La mousse clásica se elabora con **CHOCOLATE NEGRO** deshecho, yema de huevo, **MANTEQUILLA**, **NATA** y un chorro de **COÑAC**. Si se sustituye el coñac por café, tendremos la **MOUSSE DE CAFÉ**: una refrescante **CREMA HELADA**.

TIEMPO DE PREPARACIÓN: 30 MINUTOS
TARDA EN HELARSE: 4 HORAS.

Separa los huevos y reserva las claras en la nevera. Mezcla en un recipiente las yemas con el azúcar y bátelo.

Desmenuza el chocolate en trozos pequeños. Caliéntalo al baño maría junto con el café y dos cucharadas de agua. Cuando se derrita, retíralo del fuego y déjalo enfriar.

Mezcla el chocolate deshecho con las yemas y añade poco a poco la nata.

Bate las claras de huevo a punto de nieve. Agrégalas paulatinamente a la mezcla anterior. Sirve la mousse en pequeños cuencos. Cúbrelos y reserva en el frigorífico durante 3 ó 4 horas.

Saca la mousse del frigorífico con tiempo suficiente para que se ablande un poco. Se puede servir decorada con nata montada.

Para 4 personas

3 huevos frescos
75 g de azúcar
50 g de chocolate con leche
3 cucharadas de café de sabor intenso
125 g de nata
Nata montada para decorar

Consejo

En lugar de chocolate puede utilizarse una cobertura de cacao y manteca de cacao, ya que esta combinación se derrite mejor y más rápido.

DELICIAS DEL COFFEESHOP: MUFFINS & BAGELS

La Navidad es la mejor época del año para gastar dinero, sobre todo si se está de visita en Nueva York.

La primera vez que visité esta ciudad fue en 1993. Allí disfruté de unos días excepcionales en los que me dediqué a pasear a fondo por sus calles. En uno de esos paseos descubrí un pequeño café en Bleekerstreet. Me llamó la atención su escaparate, repleto de sacos de café. Al entrar me invadió un delicioso aroma a café recién tostado. Lo más sorprendente era el hombre que atendía a los clientes, cubierto de tatuajes y piercings. Me senté y pedí un cappuccino y un blueberry muffin, que sería la mejor madalena que haya probado jamás. La combinación de este dulce con el delicioso café es el mejor recuerdo que conservo de mi primer viaje a Estados Unidos.

Desde entonces, siempre que vuelvo a Nueva York repito esta deliciosa experiencia. Mucha gente afirma que en Estados Unidos es imposible tomar un buen café, pero cuando los americanos descubren algo, lo hacen a conciencia. Por esta razón, en las grandes ciudades como Nueva York, San Francisco o Chicago han proliferado los establecimientos dedicados a servir buen café. Son los denominados «coffeeshops».

A pesar de que hay cadenas de coffeeshops donde el café y los muffins no saben a nada, existen muchos lugares auténticos donde se puede saborear una buena taza de café con una sabrosa madalena americana.

Los coffeeshops han supuesto el relanzamiento del consumo de café en Estados Unidos, que había descendido notablemente desde que en la década de 1960 se hicieran populares entre los jóvenes los Spots, una serie de cafeterías del Greenwich Village de Nueva York fundadas en la década de 1920.

Los jóvenes de hoy día –de nuevo– ya no asocian la taza y la pasta de café a un ritual de abuelitas; actualmente, es muy moderno pedir un latte macchiato con un bagel de queso fresco. Muchos cafés que eran punto de reunión de damas de cierta edad se han convertido en cafeterías de diseño. Este nuevo público también exige nuevos tipos, clases y mezclas de café.

Son muy apreciados los cafés americanos con aroma (los denominados «flavoured coffees»), que consisten en café al que se añade un chorrito de aroma de vainilla, nuez o caramelo. Y si además se agrega nata y azúcar, se convierten casi en una tarta líquida, pero con menos calorías. También triunfan actualmente las variantes del café espresso y los cafés con leche de soja, que después de una dura jornada apetecen más que la típica cerveza.

En lugar de pasteles y tartas la gente prefiere muffins, cookies o bagels. Los americanos comen galletas a todas horas: para desayunar, para merendar o como aperitivo. Éstas pueden ser dulces o saladas; simples o recubiertas de los más variados ingredientes, pero lo mejor es que son fáciles y rápidas de hacer.

Los bagels eran originalmente una pasta tradicional judía. Este pan con un agujero en medio se tomaba para desayunar o para comer. Cuando a finales del siglo XIX muchos judíos emigraron a Estados Unidos, los bagels se empezaron a vender en muchas pastelerías. Y actualmente, en Nueva York, la mayoría de hombres de negocios desayunan este pan con queso fresco y salmón.

Originalmente, los bagels se elaboraban con harina de trigo duro y se remojaban en agua hirviendo antes de hornearlos para que la masa no se secara. De esta forma el pan adquiría la consistencia deseada. Los americanos han añadido huevo a esta receta para que los bagels sean más blandos. Exceptuando los judíos, que no pueden mezclar lácteos con carne, mucha gente hace originales combinaciones para rellenar estos panes.

Volviendo a la humeante bebida, la idea del café con aroma ha tenido mucho éxito en Estados Unidos. Allí se han inventado los siropes de vainilla, avellana, caramelo, piña, Amaretto, menta, naranja, chocolate, etcétera, para dar un toque original al café. Estos nuevos sabores entusiasman a la gente joven, que hasta ahora encontraba aburrida la típica taza de café. Pero no han sido los americanos los primeros en aromatizar el café; los mexicanos ya agregaban canela y clavo a su negrita, que aún sirven con nata y cacao. En los países árabes, el café se sazona con cardamomo, que le aporta un toque realmente exótico; y, de hecho, muchas variantes del caffè coretto no son más que café espresso con distintos aromas.

Quien no tenga a mano uno de estos cafés, o bien rechace los productos artificiales, puede aromatizar su café con ingredientes naturales como ralladura de naranja, canela, vainilla, licores, etcétera, y de este modo aportarle un toque personal.

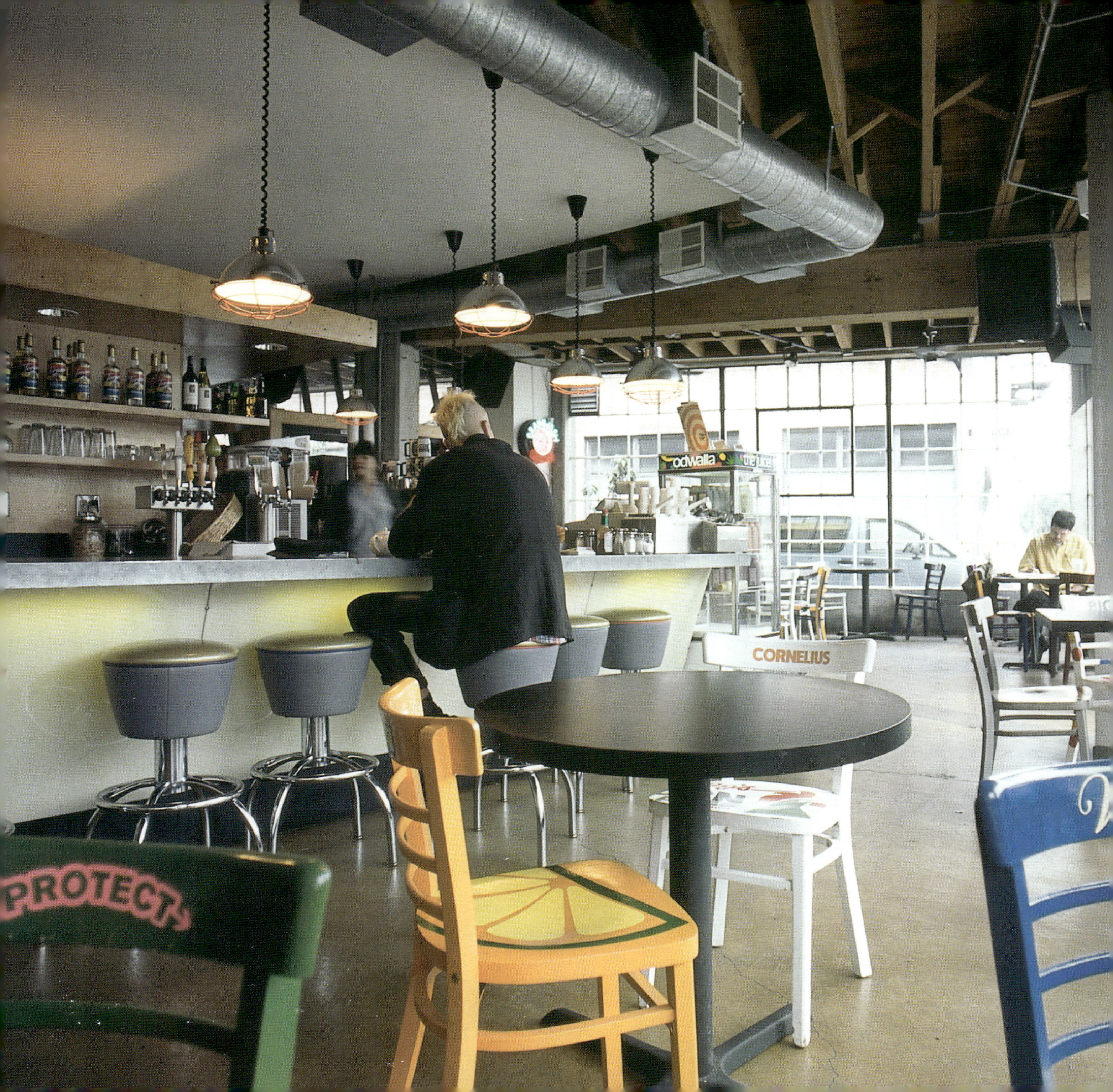

odwalla
the juice
CORNELIUS
PROTECT

Para 4 personas

1 rama de vainilla
5 cucharadas de café molido
Azúcar blanco o moreno

Café a la vainilla

Dado que las ramas de vainilla tardan en desprender su aroma, este café debe hervirse a la manera clásica.

TIEMPO DE PREPARACIÓN: 15 MINUTOS

> **Hervir 600 ml de agua.** Abrir la rama de vainilla con un cuchillo. Precalentar una cafetera de cerámica con agua caliente. Introducir en ella la vainilla y el café.

> **Retirar el agua hirviendo** del fogón. Dejar enfriar 10 segundos y verter en la cafetera. Remover y dejar reposar la mezcla 5 minutos. Pasar la bebida por un colador y ya está lista para servir. Agregar azúcar.

Café de olla
[CAFÉ MEXICANO CON ESPECIAS]

Este café es muy apreciado por los mexicanos. Se sirve en una pequeña olla de barro.

PARA 4 PERSONAS

1 rama de canela
4 clavos
5 cm de piel de naranja
6 cucharadas de café moka molido (no muy fino)
75 g de azúcar moreno

TIEMPO DE PREPARACIÓN: 20 MINUTOS

> **Cuece en 600 ml de agua** la canela, los clavos y la piel de naranja. Deja hervir 10 minutos. Agrega el azúcar y el café en polvo, y cuece por segunda vez.
>
> **Retira el cazo del fuego** y deja reposar 5 minutos. Cuela la mezcla y sirve. Agrega azúcar a voluntad.

Moka libanés

Este café es como el café turco pero con el toque exótico del cardamomo. Esta especie se encuentra en el mercado de dos formas: hay la variedad verde, mucho más aromática y dulce, y la oscura, más fuerte. Dado que el cardamomo pierde enseguida su sabor, no debe molerse hasta el último momento. El moka libanés se sirve después de comer.

PARA 1 PERSONA

1 cucharadita de café molido moka
1 cucharadita de azúcar
1/2 cucharadita de cardamomo

TIEMPO DE PREPARACIÓN: 10 MINUTOS

> **Mezcla el café** con el cardamomo y 75 ml de agua. Cuécelo a fuego lento y ves removiendo de vez en cuando para que no se forme espuma.
>
> **Retira el cazo del fuego.** Hay que llevarlo nuevamente a ebullición. Repite la operación por tercera vez. Sirve muy caliente en un vaso pequeño.

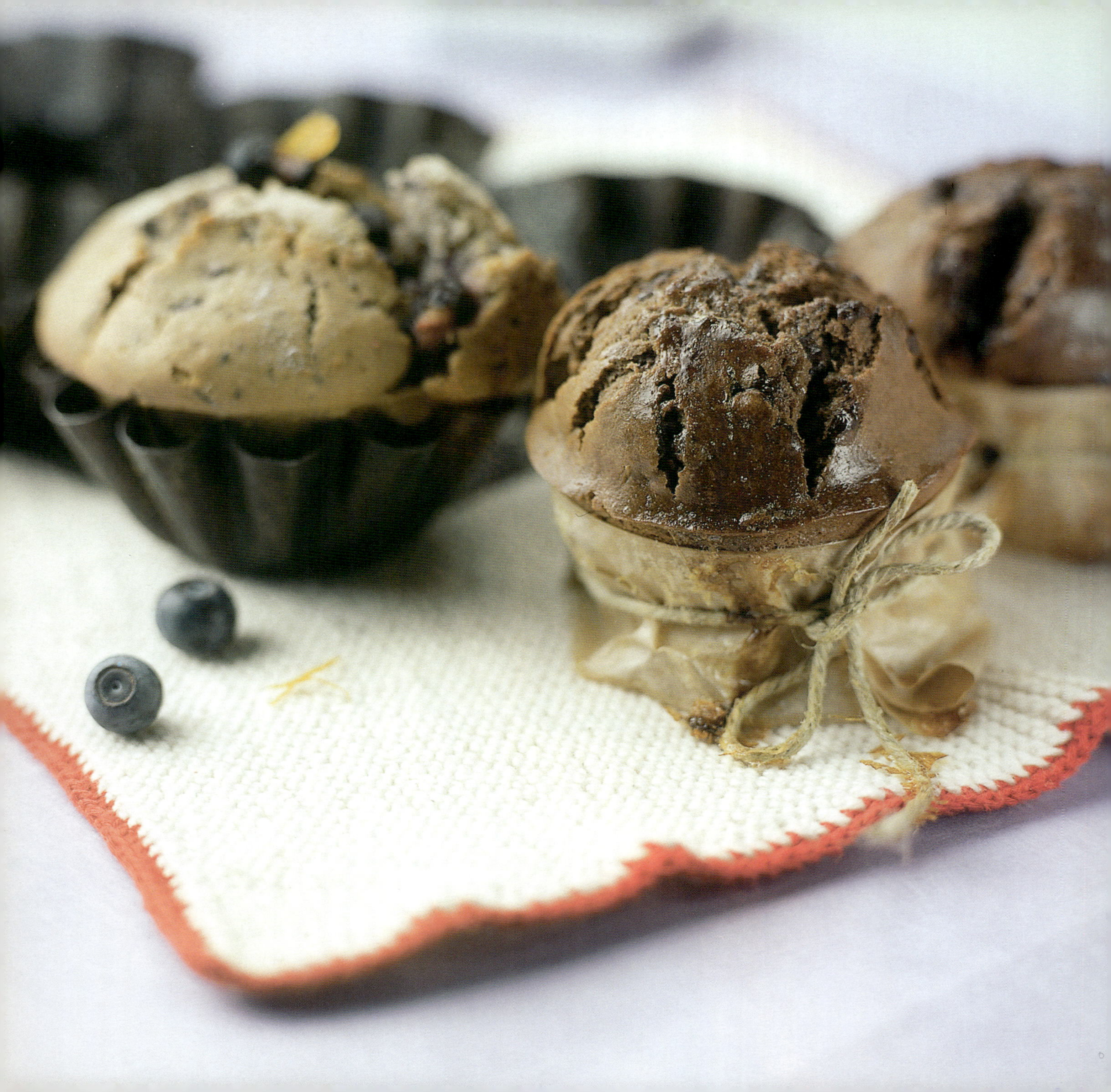

Blueberry Muffins
[Madalenas de arándanos]

TIEMPO DE PREPARACIÓN: 25 MINUTOS
TIEMPO DE COCCIÓN: 20-25 MINUTOS

Precalienta el horno a 180 °C. Dispón los moldes de papel en una bandeja. Limpia los arándanos.

Mezcla en un recipiente la harina, la levadura, el bicarbonato y la canela.

En otro recipiente, mezcla la nata con la mantequilla, la ralladura de limón y el huevo. Remueve bien. Agrégalo a la mezcla anterior junto con los arándanos. Mézclalo todo. Con una cuchara, llena los moldes de papel con la masa (sólo se pueden llenar 3/4 partes de su volumen).

Hornea a 160 °C entre 20 y 25 minutos. Las madalenas están listas cuando al pincharlas con un palillo, éste sale limpio. Se recomienda tomarlas calientes, acompañadas de un buen cappuccino.

Muffins de chocolate

TIEMPO DE PREPARACIÓN: 25 MINUTOS
TIEMPO DE COCCIÓN: 30 MINUTOS

Precalienta el horno a 180 °C. Prepara los moldes. Parte el chocolate en trozos muy pequeños.

Funde la mantequilla a fuego lento. Déjala enfriar y añade la leche y los huevos.

Mezcla la harina con el azúcar, la levadura y el cacao en polvo. Agrega la mezcla anterior y el chocolate. Remueve bien.

Cuece a 160 °C durante 30 minutos. Están a punto cuando la superficie de las madalenas muestra un color dorado y al pinchar con un palillo, éste sale limpio.

Deja reposar unos minutos y sirve calientes.

Para 12 unidades

200 g de arándanos (frescos o congelados)
225 g de harina
1 1/2 cucharaditas de levadura de cerveza
1/2 cucharadita de bicarbonato
250 g de azúcar fino
1 cucharadita de canela en polvo
250 g de nata agria
60 g de mantequilla
2 cucharaditas de ralladura de limón
1 huevo
Moldes de madalena o papel especial para el horno.

Consejo

Si no se dispone de moldes de papel para madalenas, pueden utilizarse tazas resistentes al fuego forradas interiormente con papel especial para el horno.

Para 12 unidades

50 g de chocolate amargo
100 g de mantequilla
1/4 l de leche
2 huevos
300 g de harina
75 g de azúcar
2 cucharaditas de levadura
1 cucharadita de cacao en polvo
Grasa para los moldes

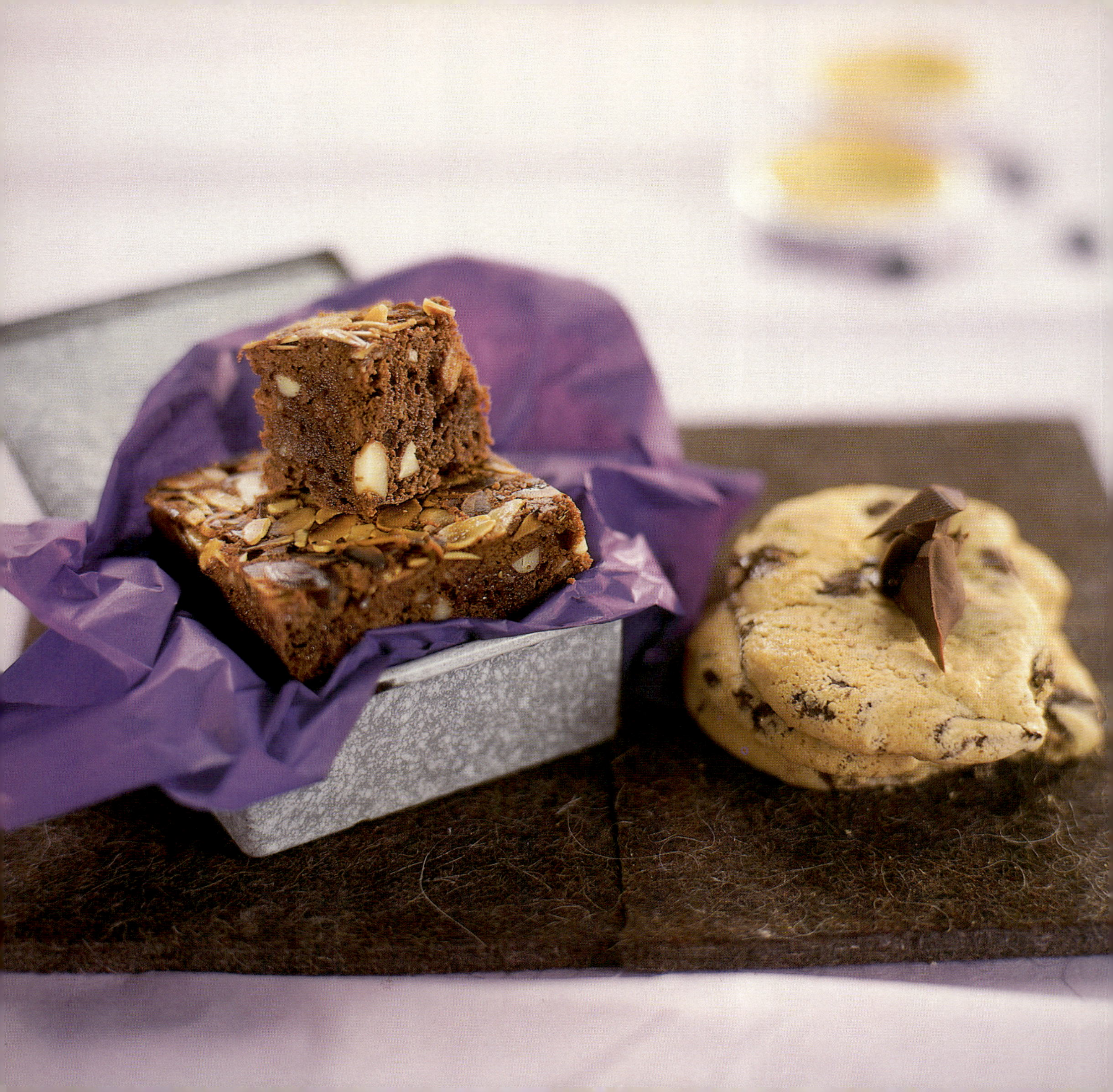

Brownies

TIEMPO DE PREPARACIÓN: 20 MINUTOS
TIEMPO DE COCCIÓN: 30 MINUTOS

> **Precalienta el horno** a 180 ºC. Unta el molde con grasa. Espolvorea con harina. Agrega la nuez rallada.

Funde al baño maría la mantequilla y el chocolate.

Mezcla en un recipiente los huevos y el azúcar. Bate con brío. Añade lentamente el chocolate y la mantequilla deshecha. Vierte en otro cuenco la harina, la levadura y las nueces. Agrega la mezcla anterior. Da forma a la masa y hornéala a 160 ºC durante 30 minutos. Cuando el pastel esté listo, sácalo del molde y déjalo enfriar. Sírvelo cortado en porciones de 5 cm y acompañado de un latte macchiato.

Para 1 molde de 26 cm Ø

150 g de mantequilla
150 g de chocolate amargo
4 huevos
220 g de azúcar
180 g de harina
$1/2$ cucharadita de levadura
170 g de avellanas trituradas
Harina, grasa y nuez rallada para el molde

Cookies de chocolate y cacahuete

TIEMPO DE PREPARACIÓN: 30 MINUTOS
TIEMPO DE COCCIÓN: 15 MINUTOS

> **Mezcla la mantequilla** con la crema de cacahuete. Agrega los dos tipos de azúcar y la vainilla azucarada. Añade el huevo y mézclalo bien.

Cubre con la crema de cacahuete, la harina y la levadura. Agrega el chocolate y remueve todo bien.

Precalienta el horno a 180 ºC. Prepara una bandeja con el papel. Con una cuchara, reparte la masa en pequeños pedazos por toda la bandeja (deben quedar bien separados para que no se peguen entre sí). Con un tenedor cubierto de harina, aplánalos para dibujar la forma deseada.

Hornea las galletas entre 10 y 15 minutos hasta que queden doradas. Déjalas reposar. Si sobra masa, puedes repetir la operación.

Para 30 unidades

125 g de mantequilla
200 g de crema de cacahuete
125 g de azúcar blanco
125 g de azúcar moreno
1 cucharadita de vainilla azucarada
1 huevo
100 g de harina
$1/2$ cucharadita de levadura
75 g de chocolate amargo
Papel especial para el horno
Harina para moldear

Receta básica para preparar bagels

Bagels rellenos

Muchos libros llevan numerosas recetas para preparar el relleno de los Bagels, pero a veces es más divertido experimentar uno mismo.

> **UN RELLENO TÍPICO** es el denominado LOX AND BEGEL:
> Para preparar 4 bagels, remueve con una cuchara 250 g de queso fresco para untar las rebanadas. Añade 250 g de salmón ahumado laminado, cebolla picada y unas cuantas alcaparras. Cierra las rebanadas y sirve.

> **TAMBIÉN SON MUY NEOYORQUINOS** los BAGELS WITH PASTRAMI. Éstos llevan como relleno pastrami o bien roast beef cubierto de pepinillo.

TIEMPO DE PREPARACIÓN: 50 MINUTOS
TIEMPO DE REPOSO: 1-1 ¼ HORAS
TIEMPO DE COCCIÓN: 20-30 MINUTOS

Calienta la leche. Justo cuando esté a punto de hervir, retírala del fuego. Agrega la mantequilla, el azúcar y la sal. Remuévelo hasta que la mantequilla se deshaga. Pon la mezcla en un recipiente y déjala enfriar. Añade la levadura y mezcla. Espera a que se formen burbujas.

Añade un huevo. Agrega poco a poco la harina y haz una masa. Haz una forma redonda y píntala con el aceite. Cúbrela con papel de aluminio y déjala reposar hasta que su volumen se haya duplicado.

Una vez la masa ha reposado, divídela en 30 partes iguales. Con ellas tienes que hacer un anillo de unos 20 cm de grosor. Espolvoréalo con harina y déjalo reposar.

Precalienta el horno a 200 ºC. Prepara una bandeja con el papel. Hierve en un cazo agua con azúcar. Sumerge en él, durante 20 segundos, los bagels y colócalos a continuación en la bandeja.

Pinta los Bagels con la yema de huevo remojada con unas gotas de agua. Decora con las semillas de sésamo y cuece en el horno durante 20 ó 30 minutos a 160 ºC. Sírvelos calientes.

Para 30 unidades

¼ l de leche
60 g de mantequilla
30 g de azúcar fino
Una pizca de sal
20 g de levadura fresca
1 huevo
500 g de harina
Aceite
Harina para moldear
Papel especial para el horno
Azúcar
1 yema de huevo
Semillas de sésamo

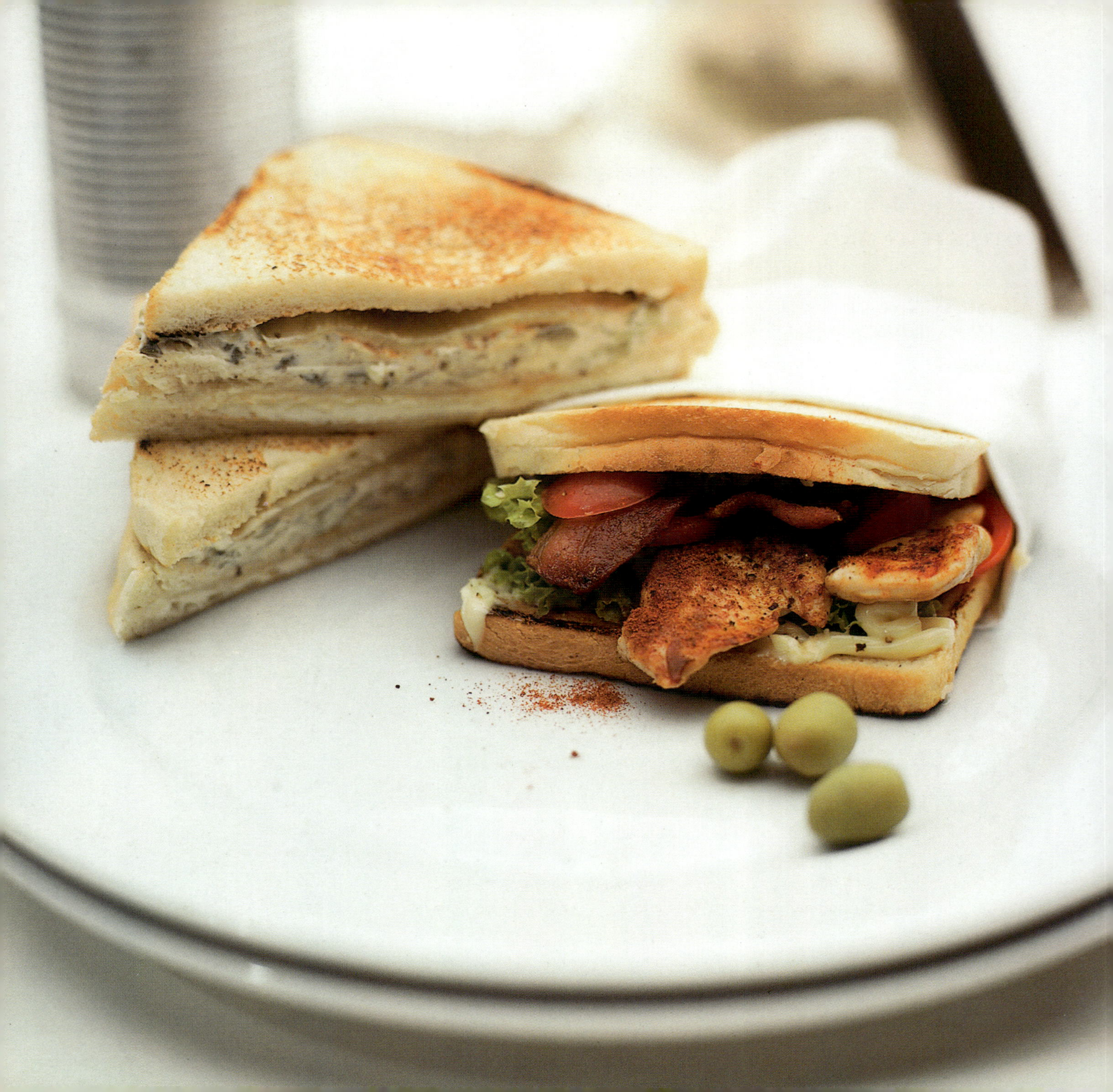

EARL OF SANDWICH es considerado el inventor del sándwich. Fue un famoso **JUGADOR** del siglo XVIII que, para no perderse ninguna partida, pedía al servicio que le pusieran **TODA LA COMIDA** entre **DOS REBANADAS**.

Sándwich club con pollo y bacon

> **CORTA EL POLLO A LÁMINAS.** Lava las hojas de lechuga y los tomates. Corta estos últimos a rodajas. Tuesta las rebanadas de pan y déjalas enfriar.
>
> **FRÍE EN UNA SARTÉN EL BACON.** Retíralo del fuego y déjalo reposar encima de papel de cocina para que absorba el exceso de grasa.
>
> **UNTA UNA REBANADA CON MAYONESA** y añade la carne de pollo. Espolvorea con pimentón. Reparte por encima el tomate y salpimenta. Agrega el bacon y las hojas de lechuga. Tapa con la otra rebanada. Envuelve en una servilleta y sírvelo.

PARA 4 PERSONAS

400 g de carne de pollo asado
4 hojas de lechuga
2 tomates grandes
8 rebanadas de pan de molde
8 trozos de bacon
4 cucharadas de mayonesa
Pimentón, sal y pimienta

Sándwich western con mayonesa de oliva

> **PICA LAS ACEITUNAS,** las alcaparras y los pepinillos, y mézclalos con la mayonesa.
>
> **MEZCLA EL QUESO** fresco con la sal y la pimienta.
>
> **UNTA CUATRO REBANADAS** con el queso fresco. Coloca encima otra rebanada untada con la mayonesa de aceituna. Tápalo con una tercera rebanada. Quita los bordes, córtalo en diagonal y sírvelo.

PARA 4 PERSONAS

60 g de aceitunas sin hueso
2 cucharadas de alcaparras
4 pepinillos
125 g de mayonesa
200 g de queso fresco
Sal, pimienta blanca
Pan blanco o pan de molde

Variantes del café

La forma más sencilla de combinar el café con un elemento aromático es el «caffè coretto», un espresso con un chorrito de alcohol, también denominado en España «carajillo». Pero cuidado: la combinación de café caliente y aguardiente oculta todos los defectos del alcohol. En un buen establecimiento, el coretto suele prepararse con los mejores brandys, grappas o sambuccas.

Además de las combinaciones tradicionales, los amantes de la experimentación se atreven a combinar su espresso con licores atrevidos como el Fernet Menta o un Ramazzoti. Los especialistas suelen regar el poso de azúcar que queda en el café con unas gotas grappa o brandy. Toda una delicia.

Lo que seguramente muchos no saben es que ya los antiguos árabes mezclaban el café con alcohol, antes de la prohibición que propugnó el Islam. Entonces y siempre, para el consumo de café con licores vale la máxima del «menos es más». Un consejo contra la resaca: un café con un chorrito de coñac, brandy o whisky puede hacer milagros.

Café helado

Un buen café helado en verano alegra el corazón a cualquiera, pero mucha gente comete el error de servirlo en vasos demasiado grandes. Lo importante no es la cantidad sino la calidad.

TIEMPO DE PREPARACIÓN: 15 MINUTOS
TIEMPO DE REPOSO: 2 HORAS

> **PREPARA EL CAFÉ.** Abre con un cuchillo la rama de vainilla y resérvala en una cafetera de cerámica. Vierte en ella el café listo, añade el azúcar y remueve. Deja enfriar el café y resérvalo en la nevera.
>
> **RELLENA LOS VASOS** hasta la mitad con el café frío. Vierte en ellos una bola de helado de vainilla. Clava una pajita y añade la nata montada. Sirve inmediatamente, ya que de lo contrario el café se mezcla con el helado y se pierde la estética de contrastes.

PARA 6 PERSONAS

6 tazas de café muy caliente
1 rama de vainilla
12 cucharaditas de azúcar
6 bolas de helado de vainilla
Nata montada para decorar

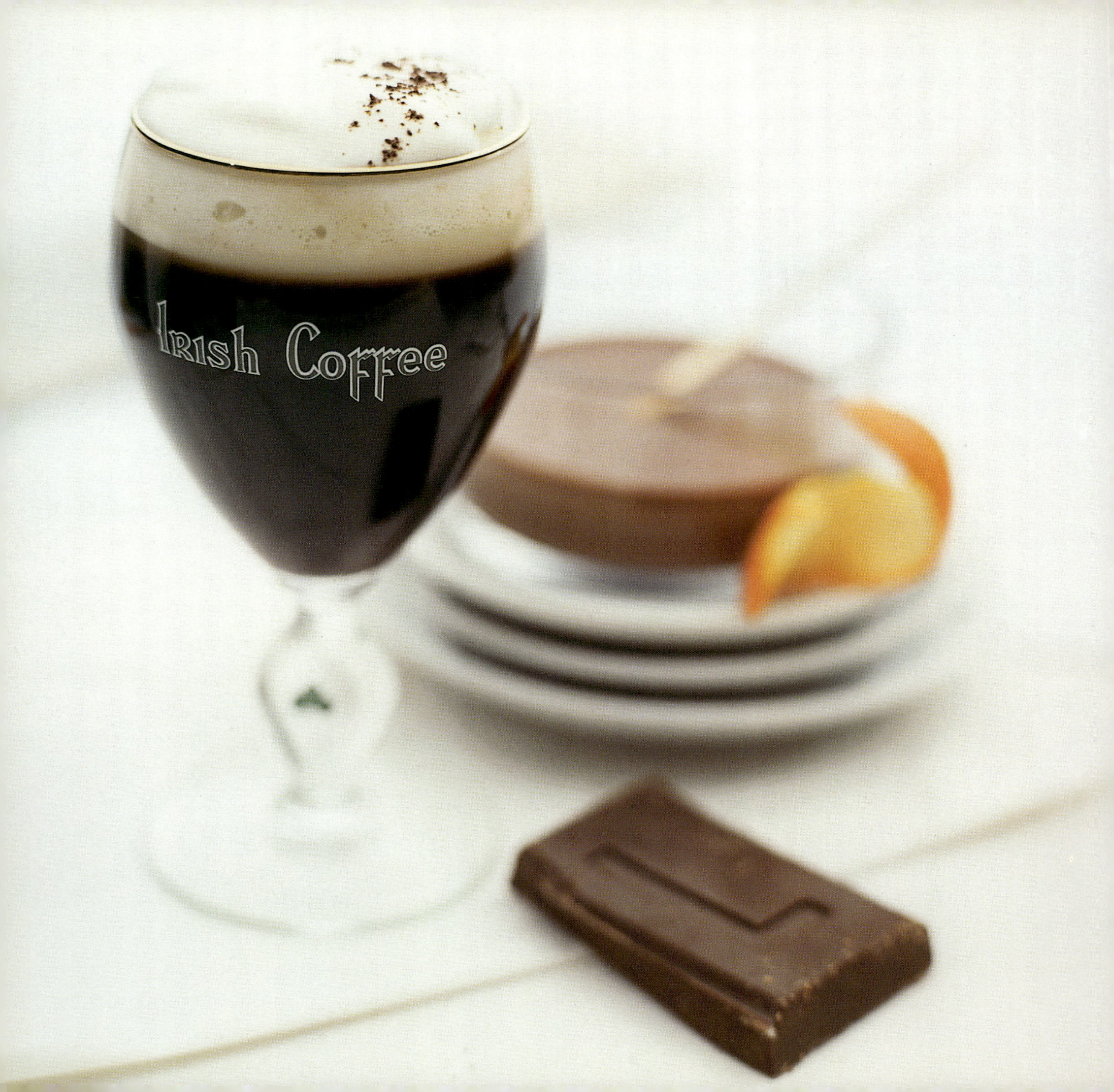
Irish Coffee

Irish coffee
[Café con whisky]

Tradicionalmente, ésta era la bebida preferida en muchas fiestas, pero con el tiempo ha ido perdiendo popularidad. Aun así, cuenta con muchos admiradores, ya que si se prepara bien, este café puede ser delicioso.

TIEMPO DE PREPARACIÓN: 10 MINUTOS

> **Calienta el whisky** con el azúcar en un vaso resistente al fuego. La mezcla no puede llegar a hervir.

> **Vierte muy lentamente el café** caliente encima del whisky (poniendo el vaso de lado). Añade finalmente la nata ligeramente montada y sirve inmediatamente.

Consejo
La nata debe estar montada sólo ligeramente y muy fría para que baje la temperatura del café.

Para 1 persona
3-4 cl de whisky irlandés
2 cucharaditas de azúcar moreno
1 taza de café de sabor intenso
Nata ligeramente montada

Café après
[Café con chocolate]

TIEMPO DE PREPARACIÓN: 20 MINUTOS

> **Precalienta los vasos.** Cuece en un recipiente a fuego medio la leche con la canela y el chocolate. No dejes de remover. Cuando la mezcla hierva, retírala del fuego.

> **Abre con un cuchillo** la rama de vainilla y agrégala a la leche caliente, junto con la naranja y el café. Cuélala y viértela en los vasos. Se puede servir aromatizado con un poco de licor.

Para 4 personas
1 l de leche
100 g de chocolate amargo
1 rama de canela
1 vaina de vainilla
1 taza de café de sabor intenso
La piel de 1/2 naranja rallada

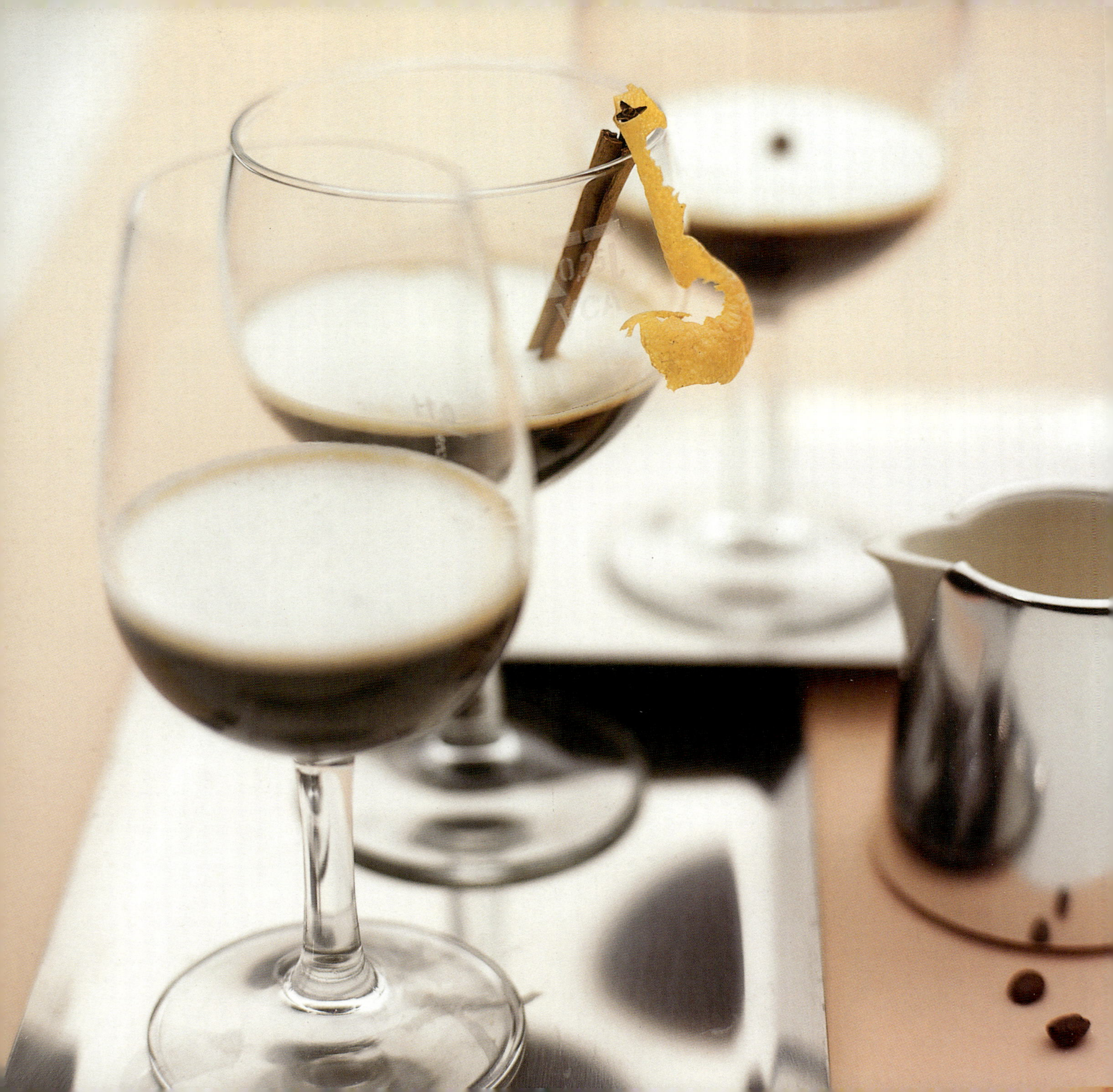

Italian hot coffee

TIEMPO DE PREPARACIÓN: 10 MINUTOS

> **Calienta el brandy** junto con el Amaretto. No puedes dejar que hierva. Viértelo en un vaso.

> **Añade el azúcar** y agrega el café. Remueve y decora con la nata.

PARA 1 PERSONA

2-3 cl de brandy italiano
1 cl de Amaretto
Azúcar moreno
1 taza de espresso doble
Nata

French hot coffee

TIEMPO DE PREPARACIÓN: 10 MINUTOS

> **Calienta el Calvados** y el Grand Marnier sin que llegue a hervir. Vierte en un vaso.

> **Agrega el azúcar.** Añade el café y remueve. Decora con la nata. Sirve inmediatamente.

PARA 1 PERSONA

2-3 cl de Calvados
1-2 cl de Grand Marnier
Azúcar moreno
1 taza de café recién hecho
Nata

Café brûlot

TIEMPO DE PREPARACIÓN: 10 MINUTOS

> **Calienta el coñac.** Agrega el café, el triple seco o el Cointreau.

> **Agrega la naranja,** el limón, la canela, el clavo y el azúcar moreno. Remueve bien.

PARA 1 PERSONA

3-4 cl de coñac
1 cl de triple seco o Cointreau
1 taza de café recién hecho
Trocitos de naranja y limón
1 clavo de olor
Canela en polvo
Azúcar moreno

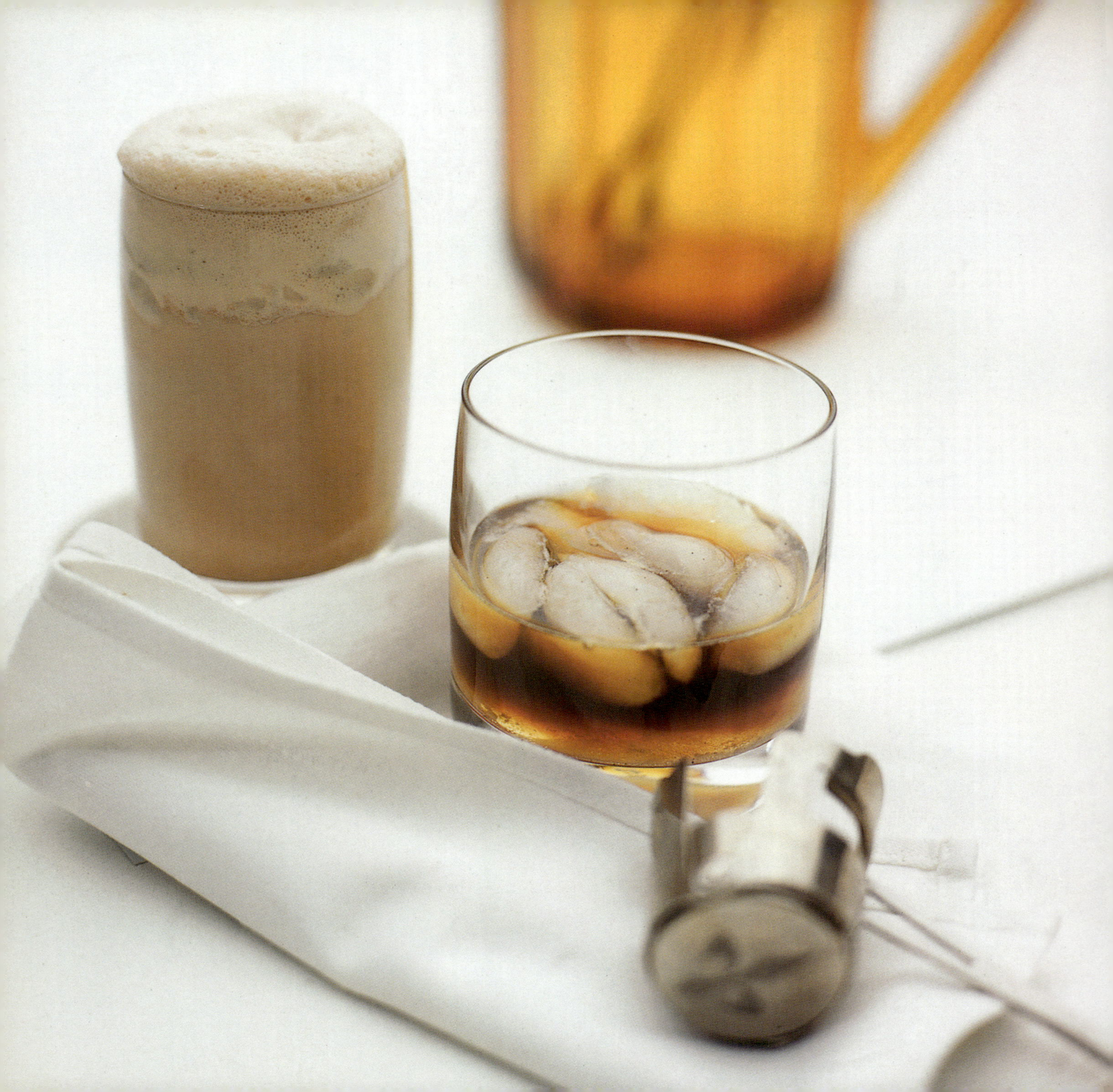

Hay **MUCHAS BEBIDAS** que tienen como ingrediente el café, sobre todo en verano. En estos casos, el café que se emplea es el que tiene un **SABOR MÁS INTENSO**, el de clase arábica, ya que con el hielo la bebida se agua y pierde sabor. **EL CAFÉ CON HIELO** también recibe el **NOMBRE DE «FRAPPÉ»**.

Coffee on the rocks
[CAFÉ HELADO AROMATIZADO]

TIEMPO DE PREPARACIÓN: 10 MINUTOS

> **PON LOS CUBITOS** y el azúcar en polvo en un vaso. Añade el café y remueve. Déjalo enfriar.
>
> **AROMATIZA CON LA NARANJA** amarga y decora con la canela en rama.

PARA 1 PERSONA

2 cubitos de hielo
2 cucharaditas de azúcar molido
1 taza de espresso recién hecho
Unas gotas de naranja amarga
1 rama de canela para decorar

Café frappé
[CAFÉ HELADO CON ESPUMA]

TIEMPO DE PREPARACIÓN: 10 MINUTOS
TIEMPO DE REPOSO: 2 HORAS

> **PON EN UN RECIPIENTE** el clavo y los granos de pimienta. Vierte encima el café. Guarda el recipiente en la nevera durante 2 horas.
>
> **PASA EL CAFÉ AROMATIZADO** a una coctelera. Agrega los cubitos de hielo y agita con fuerza. Añade la nata y sigue agitando. Sírvelo inmediatamente en un vaso antes de que la espuma desaparezca.

PARA 1 PERSONA

1/2 rama de canela
1 clavo
2 granos de pimienta
1 taza de café recién hecho
2-3 cubitos de hielo
2-3 cucharaditas de azúcar moreno
2 cucharadas de nata

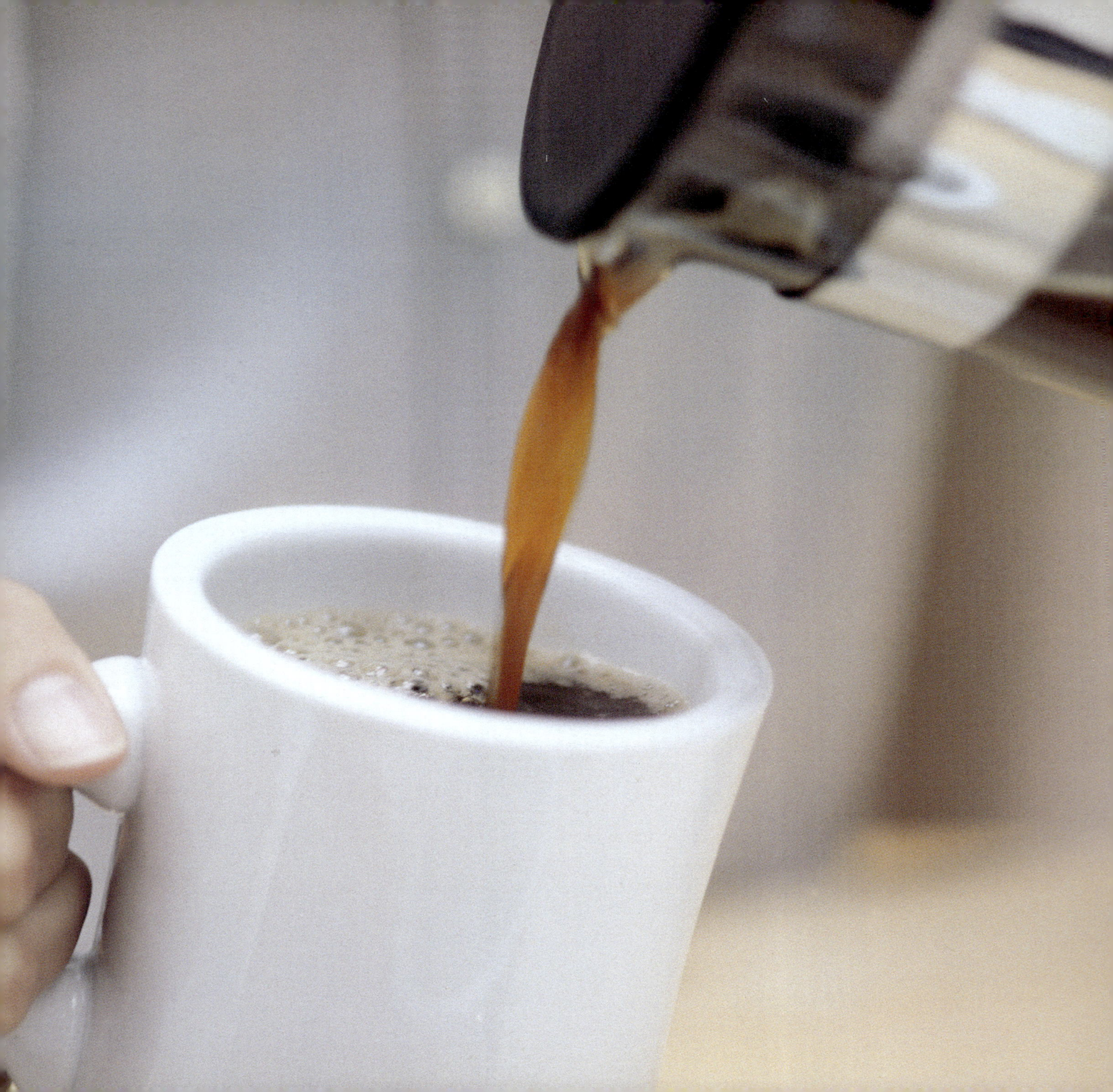

OTRAS RECETAS DE CAFÉ

Apéndice a la edición en español

El tueste

¿POR QUÉ LOS EXPERTOS desaconsejan el café torrefacto, tan popular en España? Es cierto que gana en aroma y posee un sabor especial, pero el tueste, que se hace **con azúcar** lo convierte en una bebida poco saludable y muy adictiva.

El brío y energía de un buen café se puede degustar durante muchísimos años si se tiene la precaución de elegir variedades más suaves, como *Arábica* y *Robusta*, pero no por ello menos deliciosas. El café arábica casi podría considerarse un café semidescafeinado natural, y existen estudios que muestran que la cafeína que contiene una taza de café de la variedad robusta es equivalente a la que se emplea en teapéutica. Por eso, para disfrutar siempre del café, no deberían sobrepasarse ciertas cantidades, por ejemplo, una taza al día en general, y si se trata exclusivamente de café arábica puede llegarse a las tres tazas).

Los descafeinados

EL PROCESO INDUSTRIAL DE descafeinado es seguro, pero conviene que los consumidores se fijen bien en la el proceso seguido según la marca que elijan. El proceso de descafeinado se obtiene, bien por un procedimiento físico (vapor de agua a presión) o bien por disolventes químicos (tricloroetileno, dicloretileno y cloruro de metileno). En Francia se hizo un estudio sobre 31 marcas de café y aparecieron restos de disolventes (tricloroetileno) muy altas en cinco de ellos.

Las mezclas

PUEDEN RECONOCERSE los sabores del café, al igual que se hace con un buen vino. No es fácil distinguir variedades próximas, aparte de que las diferentes variedades, en una misma zona y un clima similar, suelen dar sabores finales muy diferentes). Pero sí que se reconoce enseguida un *moka*.

Para apreciar el sabor de un buen café se tienen en cuenta tres aspectos y su proporción en la mezcla final: cuerpo, acidez y aroma.

El *cuerpo* es la sensación de fuerza del sabor y su plenitud en la boca al tomar un sorbo.

La *acidez* provoca una ligera sensación picante y es propia de cultivos en zonas muy elevadas.

El *aroma*, más difícil de describir, refleja su efecto sutil en el paladar y los sentidos. Con un poco de práctica se pueden mezclar en casa los cafés, logrando así los sabores preferidos:

Si utilizas un *Robusta*, elige sólo los que están despeliculados o tratados en forma semihúmeda (hasta un 45 % de la mezcla). En este caso se le añade un *Santos*, o un *Haití*, *Santo Somingo* o *Ecuador*.

Si se desea más afrutado, añadirle a la mezcla *Costa Rica*, *Guatemala* u otro centroamericano cultivado a más de 1200 m. ¿Mucho más afrutado? Un *Kenia* o un *Moka*.

Si se prefiere más cuerpo y sabor, añadir café de *Sumatra*, *Timor*, *Hawai* o un *Venezuela*.

Para cafeteras exprés el ideal es el de *Venezuela*.

Finalmente, para darle más sabor, un *India Plantation*, algunos *Camerún Arabica* o un *Santos* suave.

Bebidas calientes sin alcohol

Cualquier momento es bueno para saborear las variedades que presentamos a continuación. Una sencilla taza de café puede convertirse en un placer para los sentidos cuando se le añaden ingredientes de la talla del chocolate, la nata o las más sutiles especias.

PARA 6 PERSONAS

2 cucharadas de café
6 cucharadas de caramelo líquido
120 g de nata montada

Café al caramelo

> **PREPARA UN CAFÉ LARGO** y viértelo sobre el caramelo. Mezcla bien y échalo en tazas. Acaba de rellenar con la nata.

PARA 4 PERSONAS

2 tazas de café negro fuerte
120 ml de nata líquida
2 cucharadas de azúcar moreno
1/4 de cucharadita de canela en polvo
2 cucharadas de salsa de chocolate
Una pizca de nuez moscada
Virutas de canela

Café mexicano

> **BATE LA SALSA DE CHOCOLATE** junto con la canela, el azúcar y la nuez moscada.
>
> **VIERTE EL CAFÉ** caliente sobre la mezcla y remueve bien.
>
> **DISTRIBÚYELO EN TAZAS** y adorna con nata batida y virutas de canela.

Café vienés aromatizado

> **Pon el café en un cazo** con la rama de canela y los clavos metidos en una bolsita. Echa el agua hirviendo y caliéntalo tapado hasta que rompa el hervor. Retíralo del fuego y déjalo reposar durante unos ocho minutos.
>
> **Retira la bolsita** de las especias y añádele el azúcar.
>
> **Sirve el café** en tazas y adorna cada una de ellas con la nata espolvoreada de canela.

PARA 6 PERSONAS

6 cucharadas de café instantáneo
10 clavos de especia
120 g de azúcar
1 rama grande de canela
600 ml de agua hirviendo
150 g de nata montada
Canela en polvo

Café de Normandía

> **Pon todos los ingredientes** en un cazo y caliéntalo a fuego fuerte. Cuando llegue al punto de ebullición, baja el fuego y déjalo cocer durante diez minutos.
>
> **Filtra el líquido** en un recipiente precalentado y viértelo en tazas.
>
> **Pon en cada taza** una rama de canela para decorar y sírvelo.

PARA 4 PERSONAS

1/2 l de café espresso negro
1/2 l de zumo de manzana
40 g de azúcar moreno
3 naranjas cortadas a rodajas finas
4 ramas de canela
Una pizca de pimienta molida de Jamaica
Una pizca de clavos de especia molidos

Bebidas calientes con alcohol

Cuando a la fuerza del café caliente se le une el intenso sabor del ron, del brandy o de cualquier licor, la experiencia se vuelve «sólo apta para adultos».

PARA 6 PERSONAS

6 cucharadas de café
12 cl de ron de caña
1/2 cucharadita de canela en polvo
Azúcar al gusto

Café antillano

> **PREPARA UN CAFÉ ESPRESSO CORTO** y añádele una pizca de canela en polvo y una cucharada de ron de caña por vaso. Endulza al gusto.

PARA 6 PERSONAS

6 cucharadas de café
6 copas de ron
6 cucharadas de miel cristalizada

Café Calipso

> **PON UNA CUCHARADA DE MIEL** en cada una de las seis tazas, añade el ron y vierte el café muy caliente.
>
> **SIRVE INMEDIATAMENTE.**

PARA 4 PERSONAS

4 cucharadas de café soluble
120 g de azúcar
8 cl de brandy
80 g de nata montada

Café vienés

> **PREPARA 1/2 LITRO DE CAFÉ**, añade el brandy y el azúcar, y viértelo en cuatro tazas.
>
> **PON UNA CUCHARADA DE NATA** sobre cada café y sirve inmediatamente.

Extra Special Coffee

> **Calienta ligeramente el brandy,** el Tía María y el Cointreau. Viértelos en una jarra resistente al calor y acaba de llenar la jarra con el café.
>
> **Añade azúcar** al gusto y sirve con la cucharada de nata montada por encima.
>
> **Espolvorea** con cacao en polvo.

PARA 1 PERSONA

1 taza de café muy cargado
3 cl de brandy
3 cl de licor Tía María
2 cl de Cointreau
1 cucharada de nata montada
Cacao en polvo
Azúcar al gusto

Toddy a la francesa

> **Calienta el Calvados** a fuego muy lento con el licor de albaricoque y échalos en copas de brandy grandes.
>
> **Disuelve el azúcar** con el café y añade la mezcla a los licores, removiendo bien.
>
> **Mientras los ingredientes están girando,** echa la nata líquida sobre la superficie haciendo un movimiento circular. No remuevas más y sirve inmediatamente.

PARA 2 PERSONAS

2 tazas de café muy fuerte
12 cl de Calvados
3 cl de licor de albaricoque
100 g de azúcar
30 ml de nata líquida

Café veneciano

> **Prepara un café espresso** y mantenlo caliente.
>
> **Bate las yemas y el azúcar,** y añade a esta mezcla el licor y el café. Remuévelo bien y ponlo al baño maría hasta obtener una crema fina y espumosa.
>
> **Sirve muy caliente.**

PARA 6 PERSONAS

6 cucharadas de café
6 yemas de huevo
30 g de azúcar
6 cl de Grappa

Café Champs-Elysées

Para 6 personas

6 cucharadas de café
12 cl de Parfait Amour
6 cucharadas de jarabe de grosella
240 g de nata montada
30 g de azúcar

> **Prepara un café espresso** medio largo y repártelo en las tazas.
>
> **Pon la nata montada** por encima y aromatiza con el licor y con el jarabe de grosella.
>
> **Espolvorea** con azúcar.

Café Madamme

Para 6 personas

6 cucharadas de café
120 g de nata
30 g de azúcar
12 cl de Marie Brizard

> **Prepara un café espresso muy corto** y concentrado, y repártelo en las tazas.
>
> **Coloca encima la nata montada,** esparce el azúcar y vierte el licor.

Café cremat

Para 6 personas

6 tazas de café muy fuerte
El zumo de 2 limones
12 cl de ron
Azúcar al gusto

> **Reparte los ingredientes** en las tazas y préndele fuego (se apagará solo).
>
> **Sírvelo** muy caliente.

Café ruso

Para 4 personas

4 cucharadas de café soluble
4 bolas de helado de vainilla
1 copita de Cointreau

> **Prepara 1/4 de litro de café.** Reparte en cuatro copas el helado y el licor, y vierte por encima el café muy caliente. Sirve inmediatamente.

Café a las fresas

> **ECHA EN LOS VASOS EL RON Y EL CAFÉ** (de este último, 3/4 partes de la capacidad del vaso). Remueve bien.
>
> **COMPLETA CADA VASO** con una cucharada de nata y cúbrela con el jarabe de fresas y un fresón.

Café a l' Orange

> **BATE LA NATA** y cuando forme picos, echa el azúcar lustre y 3/4 partes de la corteza de naranja.
>
> **RESERVA EN EL CONGELADOR** durante 30 minutos o hasta que la mezcla esté lo bastante firme como para sostener un gajo de naranja encima.
>
> **DISTRIBUYE EL CAFÉ** en cuatro vasos altos y agrega dos cucharadas de licor en cada uno de ellos.
>
> **CUBRE CON LA NATA FRÍA** y decora con un gajo y el resto de la corteza de naranja. Sirve inmediatamente.

Café de las Indias

> **MEZCLA LA MANTEQUILLA**, previamente ablandada, con el azúcar, una pizca de canela, un poco de nuez moscada molida y el clavo.
>
> **PREPARA 1/2 LITRO DE CAFÉ** y añade las cortezas de limón y naranja y el ron. Déjalo reposar unos minutos.
>
> **PON EN LAS TAZAS** una cucharada de la mezcla de mantequilla y vierte el café muy caliente. Sirve inmediatamente.

PARA 6 PERSONAS

6 vasos grandes de café frío endulzado
6 cucharaditas de jarabe de fresas
6 fresones
12 cl de ron añejo
120 g de nata montada

PARA 4 PERSONAS

2 1/2 tazas de café caliente
120 ml de nata líquida
40 g de azúcar lustre
10 g de corteza de naranja rallada
16 cl de licor aromatizado a la naranja
4 gajos de naranja

PARA 8 PERSONAS

8 cucharadas de café soluble
50 g de mantequilla
50 g de azúcar moreno
4 cl de ron blanco
1 corteza de naranja
1 corteza de limón
1 clavo de especia
Canela en polvo
Nuez moscada

Bebidas frías sin alcohol

Cuando llega el calor, el café es toda una alternativa a los típicos refrescos. Su peculiar sabor y su inconfundible aroma convierten una bebida fría en algo muy especial.

Café helado a la caribeña

PARA 2 PERSONAS

2 tazas de café no muy concentrado
1/2 naranja y 1/2 limón sin pelar y cortados a rodajas
1 rodaja de piña
2 gotas de angostura
6 cubitos de hielo

> **PREPARA UN CAFÉ** y cuando esté frío, mézclalo con las rodajas de fruta en una ensaladera. Remueve bien y reserva en el congelador durante una hora.
>
> **SACA LA ENSALADERA** del congelador y remueve bien. Retira los gajos de fruta del líquido y añade azúcar al gusto y la angostura. Remueve de nuevo.
>
> **ECHA TRES CUBITOS DE HIELO** en cada vaso de whisky y a continuación vierte la mezcla de café frío.
>
> **DECORA CON MEDIA RODAJA DE NARANJA** en el borde de cada vaso.

Café frío a la menta

> **Pon en una coctelera** con mucho hielo todos los ingredientes y agítala.
>
> **Sirve colado y espumoso** en un vaso bajo.

PARA 2 PERSONAS

2 tazas de café espresso
20 g de azúcar
2 hojas de menta fresca
2 clavos de especia

Café paradise

> **Sirve el café** en una taza, añádele el helado de vainilla y la nata batida, y adorna con los frutos secos.

PARA 1 PERSONA

1 taza de café fuerte frío
2 cucharadas de helado de café
1 cucharada de nata batida
Almendras picadas
   o avellanas para decorar

Café escarchado

> **Prepara un café espresso corto**, añade el azúcar removiéndolo bien hasta que esté disuelto y vierte la mezcla en la bandeja de cubitos del congelador.
>
> **Cuando esté helado**, pasa los cubitos por la batidora y vierte este granizado en copas grandes. Adorna con la nata.

PARA 6 PERSONAS

6 cucharadas de café
300 g de azúcar
120 g de nata

Café al chocolate

PARA 4 PERSONAS

4 cucharadas soperas
de café molido
2 cucharaditas de cacao
en polvo soluble
80 ml de nata líquida
Canela al gusto

> **MEZCLA EL CAFÉ CON EL CACAO** y prepara un café normal.
>
> **DISTRIBÚYELO EN TAZAS** y justo antes de servir añade una cucharada de nata líquida y espolvorea con canela al gusto.

Glacé de café soluble

PARA 1 PERSONA

2 cucharaditas de café soluble
10 g de azúcar
Cubitos de hielo

> **PON EL CAFÉ Y EL AZÚCAR** en una coctelera y añade un vaso de agua fría y unos cubitos de hielo.
>
> **TAPA LA COCTELERA** y agítala enérgicamente durante unos segundos.
>
> **SIRVE EN UN VASO** de refresco.

Café de Hawai

PARA 6 PERSONAS

3 tazas de café muy concentrado
$1/4$ l de helado de café
1 $1/2$ tazas de zumo de piña muy frío

> **MEZCLA TODOS LOS INGREDIENTES** en la batidora hasta que quede un preparado muy suave y espumoso.
>
> **SIRVE EN VASOS ALTOS.**

Cappuccino moka

> **Pasa por la batidora** el café, la leche, el hielo y el helado, y distribúyelo en copas.

> **Cubre con la nata** y espolvorea con canela al gusto.

PARA 4 PERSONAS

1 taza de café espresso
1 taza de helado de chocolate
1 taza de leche evaporada
80 g de nata montada
Canela en polvo al gusto
Hielo

Café Hungría

> **Mezcla** todos los ingredientes muy bien.

> **Sirve el preparado** bien frío en vasos altos.

PARA 6 PERSONAS

6 tazas de café fuerte
120 g de nata montada
1 cl de licor de vainilla
120 g de azúcar
El zumo de 6 naranjas

Café Mar de Plata

> **Pasa por la batidora** todos los ingredientes y sirve en vasos altos previamente enfriados. Decora con una pajita.

PARA 2 PERSONAS

2 tazas de café espresso frío
2 bolas de helado de mango
50 cl de Cointreau
500 ml de zumo de piña

Batido de café

PARA 6 PERSONAS

1 vaso de café muy fuerte y muy frío
3 huevos enteros
120 g de nata montada
160 g de azúcar
1 l de leche muy fría

> **PON LOS HUEVOS** en una fuente honda con el azúcar y bátelos hasta que aumenten su volumen.
>
> **AÑADE LA MITAD DE LA LECHE,** el café y la nata montada, y bátelo un poco más.
>
> **ANTES DE SERVIR** agrega el resto de la leche (resérvala 30 minutos en el congelador si necesitas enfriarla más).

Batido de café y crema

PARA 6 PERSONAS

6 cucharadas de café instantáneo
120 g de azúcar
750 ml de leche muy fría
1 1/2 l de agua
1 1/2 l de helado de vainilla
1/2 vaina de vainilla

> **DISUELVE EL CAFÉ Y EL AZÚCAR** en el agua, y añade la leche y la vaina de vainilla. Bátelo todo muy bien con la batidora.
>
> **SIRVE EN VASOS ALTOS** con una bola de helado de vainilla.

Batido de plátano al café

PARA 4 PERSONAS

5 cl de licor de café
8 cl de ron
40 ml de zumo de limón
2 plátanos
1/2 taza de leche evaporada
2 tazas de hielo picado
Soda fría al gusto

> **PASA POR LA BATIDORA** todos los ingredientes, excepto la soda. Dispón en vasos altos y rellena con soda. Sirve bien frío.

Café especial

> **Prepara café** muy fuerte.
>
> **Trocea el chocolate**, ponlo en un cazo y fúndelo al baño maría con dos cucharadas soperas de agua, canela al gusto y una pizca de nuez moscada. Diluye el chocolate en el café.
>
> **Pica el hielo** y monta la nata con el azúcar.
>
> **Llena los vasos con el hielo**, vierte la mezcla y añade azúcar al gusto. Decora con la nata y sirve de inmediato para que no se deshaga.

PARA 6 PERSONAS

6 tazas de café
300 g de chocolate
20 g de azúcar
30 cl de nata líquida
Canela en polvo
Nuez moscada
Hielo

Yogur con café

> **Bate todos los ingredientes** hasta que formen una masa cremosa.
>
> **Sirve en vasos altos** espolvoreando con la canela.

PARA 2 PERSONAS

3 tazas de café negro frío
350 g de yogur natural
20 g de azúcar
Una pizca de canela molida

CURIOSIDAD

Esta bebida es una variante del «lassi», la refrescante bebida a base de yogur que sirven en los restaurantes indios. Hay dos posibilidades: puede tomarse como bebida dulce con azúcar y canela en polvo, o como bebida salada condimentándola con sal y un poco de comino.

Bebidas frías con alcohol

Lejos queda la idea de que el café sólo puede tomarse caliente y a ciertas horas del día. El café puede convertirse en el rey de la velada si se sirve frío y combinado con los más variados licores.

Café portugués

PARA 4 PERSONAS

4 cucharadas de café soluble
80 g de azúcar
80 g de nata montada
1 copita de oporto
½ l de agua fría

> **DISUELVE EL CAFÉ EN EL AGUA** y añade el azúcar y el oporto. Viértelo en la cubeta del congelador (sin los compartimientos) y déjalo hasta que esté helado.
>
> **RETÍRALO DEL CONGELADOR** y raspa la superficie con una cuchara para obtener la consistencia de un granizado. Repártelo en cuatro copas y pon en cada una de ellas una cucharada de nata.

Café colado

PARA 2 PERSONAS

2 tazas de café fuerte y frío
5 cl de ron blanco
5 cl de Malibú
5 cl de licor de coco
½ cucharadita de esencia de vainilla
1 ½ tazas de hielo picado
80 g de nata montada
Virutas de nuez de coco tostadas

> **INTRODUCE TODOS LOS INGREDIENTES** en una coctelera y agítala hasta que se mezclen bien. Sirve en copas altas y decora con la nata y las virutas de nuez de coco.

Licor de café

> **HIERVE EL AGUA** con el azúcar y la vainilla. Si se forma espuma, quítala con una espumadera. Retira del fuego.
>
> **AÑADE EL AGUARDIENTE** al café y después de removerlo muy bien, incorpóralo a la mezcla anterior, filtrándolo con un filtro de café. Remueve y embotella. Deja reposar un mes y consúmelo solo con hielo o formando parte de diversos combinados.

PARA 2 PERSONAS

2 tazas de café muy concentrado
1 kg de azúcar
1/2 l de aguardiente
1 l de agua
1 vaina de vainilla

Licor de café (II)

> **PON EN UNA SARTÉN** el café y las almendras amargas y deja que se hagan a fuego lento durante unos cinco minutos. Cuando se enfríe, tritúralo.
>
> **PONLO EN UN TARRO** con el alcohol y déjalo macerar durante quince días. Pásalo a través de un paño frío y añade el agua fría, hervida previamente durante cinco o seis minutos. Disuelve completamente el azúcar.
>
> **CUÉLALO** y ponlo en una botella.

PARA 2 PERSONAS

50 g de café
1/2 l de aguardiente
500 g de azúcar glass
5 ó 6 almendras amargas
1/4 l de agua fría

Café Chartreuse

> **COLOCA EN UNA COCTELERA** el café, el hielo y los licores. Bate bien y sirve espolvoreado con cacao.

PARA 1 PERSONA

1 taza de café espresso
2 cl de Baileys
2 cl de Chartreuse amarilla
3 cucharadas de hielo picado
Cacao

B52

> **COLOCA EL HIELO** en un vaso bajo y vierte el licor de café, el Baileys y el Cointreau. Sírvelo con una pajita.
>
> **SI SUSTITUYES** el Cointreau por Grand Marnier obtienes un «KGB».

PARA 1 PERSONA

3 cl de licor de café
3 cl de Baileys
3 cl de Cointreau
Hielo

Para 6 personas

6 cucharadas de café instantáneo
20 cl de Cointreau
20 cl de brandy
100 ml de agua
100 g de azúcar glass
Hielo picado

Para 4 personas

4 cucharaditas de café soluble
4 cucharadas de leche condensada
4 cucharadas de helado de vainilla
4 porciones de chocolate negro rallado
2 copas de Cointreau
500 ml de agua fría

Para 4 personas

1 taza de café fuerte frío
1 taza de brandy o ron
8 huevos
225 g de azúcar
200 ml de nata líquida fría
1/2 taza de nata batida
Nuez moscada

Café Black Jack

> **Mezcla el café**, el agua, el Cointreau, el brandy y el azúcar, y ponlos a enfriar.

> **En un vaso alto**, pon hielo picado hasta la mitad y completa con la mezcla de café.

Café Copacabana

> **Disuelve el café** en el agua fría y añade el helado, el chocolate, la leche condensada y el Cointreau. Mezcla bien.

> **Reserva en el frigorífico** hasta el momento de servir.

Ponche de huevo con café

> **Bate bien las yemas de los huevos** y añade poco a poco el azúcar, mezclando bien.

> **Pon la mezcla en un cazo grande** y caliéntalo a fuego lento, removiendo todo el tiempo con una cuchara de madera.

> **Retira el cazo del fuego** y déjalo enfriar unos minutos. Añade el café, el licor y la nata líquida y remueve bien.

> **Bate las claras de los huevos** a punto de nieve e incorpóralas al ponche de huevo. Mézclalo bien, con movimientos envolventes, para evitar que las claras se bajen.

> **Pon el ponche en boles redondos**, adorna con una cucharada de nata batida y espolvorea con nuez moscada molida.

Refresco de brandy y café

> **Mezcla en una coctelera** todos los ingredientes excepto el helado de café y las virutas de chocolate.
>
> **Vierte el batido** en vasos altos y ponle encima una bola de helado de café.
>
> **Decora con virutas** de chocolate y sirve.

Café a la menta

> **Disuelve el café en el agua,** añade el azúcar y el licor de menta, y mezcla bien. Sirve en un vaso de refresco con unos cubitos de hielo.

Black Russian

> **Coloca el hielo** en un vaso bajo y vierte el vodka y el licor de café.
>
> **Sírvelo** adornado con la guinda y una pajita.
>
> **Puedes convertirlo en un trago largo** añadiendo un refresco de cola y sirviéndolo en vaso alto.

Cóctel de café

> **Mezcla el café con el azúcar,** la ginebra y el zumo de naranja.
>
> **Sirve en vasos de refresco** con unos cubitos de hielo.

Para 2 personas

1 taza de café fuerte frío
6 cl de licor de café
8 cl de brandy
150 ml de nata líquida
10 g de azúcar
2 bolas de helado de café
1 taza de hielo picado
Virutas de chocolate

Para 6 personas

6 cucharaditas de café soluble
2 copitas de licor de menta
40 g de azúcar
750 ml de agua fría
Cubitos de hielo

Para 1 persona

2 cl de licor de café
4 cl de vodka
1 guinda al marrasquino
Hielo

Para 4 personas

2 vasos de café no muy concentrado
250 ml de zumo de naranja
2 copitas de ginebra
80 g de azúcar
Cubitos de hielo

Sorbetes, granizados y helados

En ciertas ocasiones, el café va más allá de la taza y se convierte en rey indiscutible del frío. Ya sea en una base de hielo o en cremosas combinaciones, el café siempre corona una buena comida de una forma muy especial.

Biscuit de café

PARA 6 PERSONAS

3 vasos de café muy concentrado
6 huevos
6 hojas de cola de pescado
300 g de azúcar
375 g de nata montada
1 bizcocho

> **SEPARA LAS YEMAS** de los huevos y ponlas en una cacerola pequeña junto con el azúcar y la mitad del café. Ponlo al baño maría y remueve con una cuchara de madera para que no se pegue y no llegue a hervir.
>
> **RETIRA DEL FUEGO** y sigue batiendo de tanto en tanto hasta que se enfríe. Pon las colas de pescado en remojo, escúrrelas y derrítelas a fuego muy lento. Incorpóralas a la crema y añade la nata sin dejar de remover.
>
> **VIERTE EL CAFÉ** restante en un plato hondo, agrega un vaso de agua y sumerge rápidamente el bizcocho cortado en rebanadas un poco gruesas. Escúrrelos un poco para que no goteen.
>
> **PREPARA LAS COPAS** colocando en cada una de ellas una capa bizcocho y completa con la crema. Reserva en el congelador durante dos horas.

Helado de canela y café

PARA 6 PERSONAS

4 yemas de huevo
1/4 de taza de azúcar granulado
1 rama de canela
300 ml de nata líquida
30 ml de nata líquida para montar

Para el sirope:
3 cucharadas de café molido
3 cucharadas de agua
1/2 taza de azúcar granulado
50 ml de agua

> **VIERTE LA NATA LÍQUIDA** en un cazo junto con la rama de canela y hiérvelo a fuego lento. Apaga el fuego, tapa el cazo y déjalo reposar durante 30 minutos.

LLÉVALO DE NUEVO A EBULLICIÓN y retira la rama de canela.

BATE LAS YEMAS junto al azúcar hasta que obtengas una masa ligera. Vierte la nata líquida caliente sobre esta mezcla sin dejar de batir.

ÉCHALA DE NUEVO EN EL CAZO y remuévela a fuego lento durante un par de minutos. Cuando se espese, retírala del fuego y déjala enfriar.

BATE LA NATA para montar hasta que forme picos e incorpórala a la mezcla anterior. Viértela en un recipiente y resérvala en el congelador durante tres horas.

PREPARA EL SIROPE poniendo el café en un cazo y echando el agua caliente encima. Déjala cuatro minutos en infusión y fíltrala.

ECHA EL AZÚCAR y el agua fría en un cazo y calienta la mezcla hasta que el azúcar se disuelva. Llévala a ebullición y después cuécela a fuego lento durante cinco minutos. Deja enfriar y agrega al café.

PON EL HELADO DE CANELA en una fuente fría y bátelo para evitar que queden cristales de hielo.

PON UNA TERCERA PARTE DEL HELADO en el recipiente y rocíalo con el sirope de café. Repite este proceso hasta vetear todo el helado.

PASA UN MONDADIENTES por la mezcla para jaspearla y resérvala en el congelador durante cuatro horas. Sácalo del frigorífico un cuarto de hora antes de servirlo para que no esté tan duro.

Para 4 personas

4 cucharaditas de café soluble
1/2 l de leche
9 yemas de huevo
300 g de azúcar
1 rama de vainilla

Helado de café

> **Cuece la leche** junto con la vainilla y deja reposar unos minutos para que se impregne bien del aroma. Mezcla las yemas con el azúcar y el café soluble. Añade la leche y bate la mezcla.

> **Cuece lentamente** removiendo con una cuchara de madera hasta que se espese. Retira del fuego y deja enfriar.

> **Pasa por un colador** y ponlo en una bandeja para hielo o en un molde. Tapa con papel de aluminio y deja congelar durante 30 minutos.

> **Remueve la preparación** para romper los cristales. Vuélvela a poner al congelador y repite esta operación dos veces más, reservándola en el congelador hasta el momento de servir.

Para 4 personas

5 tazas de café fuerte
500 ml de agua
140 g de azúcar
1 clara de huevo
125 g de nata
1/2 cucharadita de esencia de vainilla

Granizado de café

> **Vierte el café** en una batidora y reserva. Hierve la mitad del agua con el azúcar y remueve bien hasta que se disuelva. Cuando se haya enfriado, métalo en la nevera.

> **Cuando el jarabe esté frío**, incorpóralo con el resto del agua y la esencia de vainilla al café. Remueve bien.

> **Bate la clara de huevo** a punto de nieve e incorpórala para que la mezcla quede más suave.

> **Vierte esta mezcla** en un recipiente poco hondo como una bandeja de hacer cubitos de hielo sin las separaciones y métela en el congelador.

> **Remueve** cada 30 minutos para que quede la textura de un granizado. Cuando tenga la consistencia que deseas, sírvelo en copas individuales y adorna con una cucharada de nata.

Granizado de café (II)

> **MEZCLA EL CAFÉ** con el azúcar y viértelo en una bandeja de cubitos. Ponlo a helar en el congelador. Remueve la preparación para romper los cristales y vuélvelo a poner al congelador.
>
> **REPITE ESTA OPERACIÓN** dos veces más y reserva.
>
> **SIRVE EN COPAS.**

PARA 4 PERSONAS

4 tazas de café muy concentrado
40 g de azúcar

Helado de plátano al café

> **BATE EN UN BOL** las yemas con el azúcar y el brandy. Calienta la leche, retírala del fuego y añade el café. Remueve hasta que se disuelva. Pela los plátanos, córtalos en rebanadas y ponlos en el bol junto con las yemas.
>
> **VIERTE LA LECHE CON EL CAFÉ** en el bol con las yemas y el azúcar. Tritura el conjunto y repártelo en copas. Decora con una guinda cada copa.

PARA 4 PERSONAS

3 cucharadas de café soluble
3 plátanos
500 ml de leche
80 g de azúcar de caña
1 cl de brandy
2 yemas de huevo
4 guindas rojas

Corona de helado al café

> **EXTIENDE SOBRE CUATRO BOLES** individuales una capa de helado de chocolate y cúbrela con otra capa de helado de vainilla. Forma una corona con la nata montada sobre el helado y espolvorea el café por el centro.

PARA 4 PERSONAS

4 cucharaditas de café soluble
$1/2$ l de helado de chocolate
$1/2$ l de helado de vainilla
200 g de nata montada

Para 4 personas

300 g de turrón de Jijona
1 l de leche
6 yemas de huevo
75 g de azúcar
300 ml de nata líquida
20 g de harina de maíz

Para la salsa de café:
1 taza de café concentrado
3 yemas de huevo
100 g de azúcar
12 cl brandy
200 ml de nata líquida

Para 6 personas

½ l de crema de café helada y con consistencia de sorbete
½ l de helado de vainilla
300 g de nata montada
12 cl de ron

Para 2 personas

2 ½ tazas de café helado
1 taza de leche
375 ml de néctar de melocotón frío
1 ½ tazas de helado de café no muy duro
2/3 de cucharadita de extracto de almendras

Helado de turrón con salsa de café

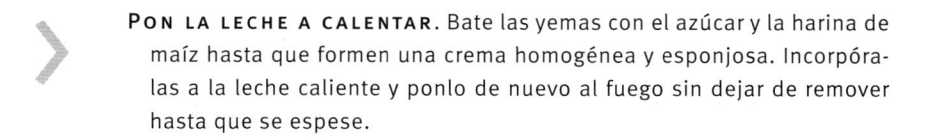

> **Pon la leche a calentar.** Bate las yemas con el azúcar y la harina de maíz hasta que formen una crema homogénea y esponjosa. Incorpóralas a la leche caliente y ponlo de nuevo al fuego sin dejar de remover hasta que se espese.
>
> **Cuando tengas una crema suave,** añade el turrón bien triturado y la nata líquida. Mezcla todo con suavidad y ponlo en un molde de corona.
>
> **Para elaborar la salsa de café,** bate las yemas con el azúcar hasta que estén muy espumosas, y mézclalas con la nata líquida y el café. Pon todo en un cazo al baño maría y, sin dejar de remover, deja que se espese ligeramente. Aparta del fuego, añade el brandy y deja enfriar.
>
> **Resérvalo en el congelador** hasta que se hiele. Para desmoldarlo, pásale un poco de agua por el molde. Llena el centro con nata montada y sirve con la salsa de café.

Helado de café imperial

> **Reparte el helado** en seis copas grandes y añade la crema de café helada.
>
> **Adorna** cada copa con nata y vierte una cucharada de ron por encima.

Café con melocotón

> **Echa todos los ingredientes** dentro de la batidora y tritura hasta que se forme espuma. Sirve en vasos altos.

Helado Nochebuena

> **Mezcla la leche condensada** con el agua, el café, la canela, la corteza de limón y la sal, y ponlo al fuego hasta que hierva. Retira del fuego y deja enfriar.
>
> **Bate las yemas** con la harina de maíz disuelta en el agua y agrégalo a la mezcla anterior. Cuélalo y ponlo a fuego medio hasta que espese.
>
> **Deja enfriar** esta crema y mientras tanto prepara un merengue con las claras y el azúcar. Cuando esté a punto de nieve añade a la crema con movimientos envolventes.
>
> **Vierte en los moldes** y deja congelar.

Para 6 personas

1/2 taza de café instantáneo
170 g de leche condensada
80 g de azúcar
40 ml de agua
250 ml de agua
6 yemas
2 claras
40 g de harina de maíz
250 ml de nata poco batida
1 trozo de corteza de limón
1 trozo de canela en rama
Sal

Cucuruchos de crema de cappuccino

> **Corta nueve rectángulos** de papel antiadherente de 13 cm x 10 cm y luego córtalos por la mitad en diagonal. Enróllalos en forma de cucurucho y sujétalos con cinta adhesiva.
>
> **Derrite el chocolate negro** en un cazo al baño maría.
>
> **Unta de chocolate** las paredes interiores de la mitad de los cucuruchos. Cuando se enfríen, ponlos en la nevera hasta que se solidifiquen. Haz lo mismo con el chocolate blanco. Con mucho cuidado, quita el papel y reserva los cucuruchos en la nevera.
>
> **Para hacer la crema** de cappuccino pon el café en un bol y añade el agua casi hirviendo. Deja reposar cinco minutos y pasa por un colador fino.
>
> **Deja enfriar** y añade la nata y el azúcar. Bate hasta que se formen picos.
>
> **Introduce esta crema** en una manga pastelera con forma de estrella y rellena con ella los cucuruchos. Ponlos en platos individuales (unos tres por persona) y espolvorea con cacao en polvo antes de servir.

Para 6 personas

115 g de chocolate blanco
115 g de chocolate negro

Para la crema de cappuccino:
2 cucharadas de café espresso
40 ml de agua
300 ml de nata para montar
60 g de azúcar lustre
20 g de cacao en polvo

Postres cremosos

Los postres más tradicionales encuentran en el café a su mejor aliado, ya que su ligero toque amargo marca el contrapunto en todo tipo de cremas, mousses o flanes.

Bavarois al café

PARA 4 PERSONAS

2 cucharadas soperas de café soluble
1/2 l de leche
6 yemas de huevo
150 g de azúcar
200 g de nata líquida
1 vaina de vainilla
20 g de harina de maíz
3 hojas de cola de pescado

> **SEPARA UNA TACITA DE LECHE** y disuelve en ella la harina de maíz. Pon a hervir el resto de la leche junto con la vainilla.
>
> **BATE EL AZÚCAR Y LAS YEMAS DE HUEVO**, e incorpórales poco a poco el café soluble, la leche y las hojas de cola de pescado previamente remojadas en agua fría.
>
> **PON LA MEZCLA AL FUEGO** sin dejar de remover los laterales y el fondo del recipiente hasta que llegue a ebullición. Retíralo del fuego y deja enfriar.
>
> **PASA LA MEZCLA A OTRA CACEROLA** con un tamiz sin dejar de remover hasta que empiece a cuajar. En este punto, incorpora la nata líquida montada.
>
> **VIÉRTELO EN UN MOLDE**, deja que se cuaje y sirve.

Flan al café

Para 4 personas

- 2 cucharaditas de café soluble
- 200 g de azúcar
- 1 cucharadita de vainillina
- 1/2 l de leche
- 4 huevos enteros
- 2 yemas de huevo
- 20 ml de agua
- 1 corteza de limón
- 1 ramita de canela

> **En un cazo pequeño,** cuece 60 g de azúcar con el agua y remueve hasta que coja un color marrón claro. A continuación, repártelo en el fondo de un molde de 1 litro de capacidad.

> **Cuece la leche** con la canela y la corteza de limón. En una cacerola bate los cuatro huevos enteros y las dos yemas con 140 g de azúcar, la vainillina y el café soluble. Mézclalo con la leche hirviendo, bate bien y cuela.

> **Viértelo en el molde** preparado de antemano y métalo en el horno al baño maría, sin que el agua llegue a hervir, durante 45-60 minutos. Cuando cuaje, retira del horno y deja enfriar. Desmolda y sirve.

Flan de plátanos al café

Para 4 personas

- 3 cucharadas de café soluble
- 3 plátanos maduros
- 1/2 l de leche
- 150 g de azúcar
- 3 huevos

> **Disuelve el café** en la leche, añade la mitad del azúcar y caliéntalo para que el azúcar se disuelva. Agrega los huevos y dos plátanos troceados, y pásalo por la batidora.

> **Carameliza una flanera** con el resto del azúcar y vierte la preparación anterior. Cuécelo en el horno al baño maría durante unos 45 minutos.

> **Cuando esté frío,** desmóldalo y decóralo con el plátano restante cortado a rodajas.

Gelatina de café

Para 6 personas

- 6 tazas de café
- 6 hojas de gelatina sin sabor
- 100 g de azúcar

> **Disuelve la gelatina** con el café y el azúcar, y bátelo muy bien. Pon la mezcla en un molde y, cuando se enfríe, resérvala en el frigorífico durante cuatro horas.

> **Desmolda para servir.** Si no sale fácilmente puedes introducir el molde en agua caliente.

Pudding de café

PARA 4 PERSONAS

1 taza de café concentrado
50 g de mantequilla
3 huevos
2 claras
20 g de harina
100 g de azúcar
Nata montada

> **FUNDE LA MANTEQUILLA** y añádele la harina. Cuando esté bien mezclado, añádele el café poco a poco y cuécelo a fuego lento. Añade el azúcar y cuando se haya formado una crema fina, retíralo del fuego.

DEJA QUE SE ENFRÍE un poco y añade dos huevos enteros y una yema. Bate las tres claras restantes a punto de nieve y mézclalas con el preparado anterior.

VIÉRTELO EN UN MOLDE rectangular untado con mantequilla y ponlo a cocer en el horno al baño maría. Cúbrelo con un papel blanco para que no se le forme corteza por arriba.

UNA VEZ COCIDO, retíralo del fuego y déjalo enfriar en el molde. Desmóldalo pasándole un cuchillo por los bordes. Adorna con la nata.

Natillas al café

PARA 6 PERSONAS

6 cucharaditas de café instantáneo
1 l de leche
12 yemas de huevo
600 g de azúcar
120 g de harina de maíz
1 rama de canela
1 vaina de vainilla
9 galletas de helado cortadas en dos trozos en diagonal

> **HIERVE LA LECHE** con la canela y la vainilla. Aparte, mezcla en una cazuela las yemas con el azúcar, la harina de maíz y el café hasta que no queden grumos.

VIERTE LA LECHE HIRVIENDO sobre la mezcla anterior y ponla al fuego, removiéndola constantemente.

CUANDO ROMPA A HERVIR y se espese, sácala del fuego y sirve en una fuente. Cuando se enfríe, coloca las galletas en los bordes de la fuente para decorar.

Crema de café

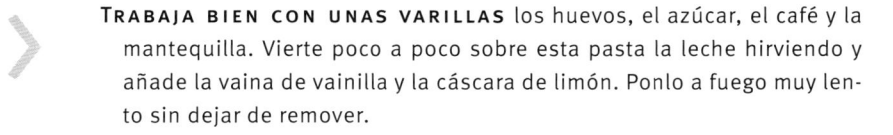

> **Trabaja bien con unas varillas** los huevos, el azúcar, el café y la mantequilla. Vierte poco a poco sobre esta pasta la leche hirviendo y añade la vaina de vainilla y la cáscara de limón. Ponlo a fuego muy lento sin dejar de remover.
>
> **Retíralo del fuego** antes de que empiece a hervir y viértela en recipientes individuales.

PARA 6 PERSONAS

6 cucharaditas de café instantáneo
1 l de leche
450 g de azúcar
30 g de mantequilla
1 vaina de vainilla
14 yemas de huevo
1 cáscara de limón

Crema espumosa de café

> **Mezcla el azúcar** con las yemas hasta obtener una crema suave y homogénea. Vierte sobre ella el café muy caliente sin dejar de remover.
>
> **Calienta la mezcla** y retírala del fuego cuando comience a espesar. Viértela en una fuente honda sin dejar de remover para que no se forme una capa arriba.
>
> **Cuando esté tibia**, añade las claras montadas. Continúa removiendo con suavidad. Ponla en boles individuales y sírvela fría.

PARA 4 PERSONAS

1/2 l de café muy concentrado
225 g de azúcar
6 yemas de huevo
6 claras de huevo

Crema de moka

> **Mezcla en una cacerola** la leche, el azúcar y la vainilla.
>
> **Derrite aparte el chocolate** a fuego lento con el agua, removiendo constantemente. Cuando esté deshecho, añade la mezcla anterior y la mantequilla y sigue removiendo hasta que la crema quede homogénea. Úsala como relleno o como cobertura de pasteles.

PARA 3 PERSONAS

3 cucharadas de café instantáneo
2/3 de taza de leche evaporada
1 1/2 cucharaditas de vainilla
120 g de mantequilla
1 tableta de chocolate
20 ml de agua
2 cucharadas de azúcar

Para 2 personas

2 cucharaditas de café soluble
1 tarrina de queso fresco
40 g de azúcar
200 g de nata montada
2 huevos
1/2 cucharadita de vainilla en polvo
20 g de agua
Menta fresca
Granos de café
Sirope de chocolate

Mousse de queso y café

> **Bate con unas varillas** el queso con el azúcar, la vainilla, las yemas y el café disuelto en la cucharada de agua.
>
> **Añade la nata** e incorpora poco a poco las claras montadas a punto de nieve. Remueve de arriba a abajo formando amplios círculos envolventes para evitar que la mezcla pierda volumen.
>
> **Reparte en copas** o platos y déjalo en la nevera hasta el momento de servir.
>
> **Adorna con menta fresca,** granos de café y el sirope de chocolate.

Para 3 personas

3 cucharadas de extracto de café
1/2 l de claras de huevo
100 g de crema pastelera
20 g de azúcar

Soufflé de café

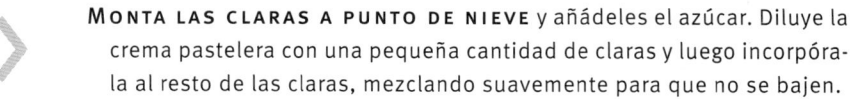

> **Monta las claras a punto de nieve** y añádeles el azúcar. Diluye la crema pastelera con una pequeña cantidad de claras y luego incorpórala al resto de las claras, mezclando suavemente para que no se bajen.
>
> **Unta con mantequilla** el interior de un molde para soufflé y espolvorea con azúcar. Pon la mezcla en el molde y hornéala a 200 ºC de 15 a 20 minutos.

Crema de naranja al café

> **Disuelve el café** en la leche y añade el azúcar, el zumo de naranja y la harina de maíz disuelta en un poco de leche fría.

> **Cuécelo al baño maría**, removiendo constantemente hasta que la crema espese. Repártela en copas bajas y decóralas con la nata y los gajos de naranja. Resérvalas en el frigorífico hasta el momento de servir.

Para 6 personas

2 cucharaditas de café soluble
1/2 l de leche
1/2 l de zumo de naranja
60 g de azúcar
20 g de harina de maíz
500 g de nata montada
Gajos de naranja para adornar

Mousse de café al Amaretto

> **Mezcla los huevos** con el azúcar y ponlo al baño maría hasta que el azúcar se disuelva. Reserva.

> **Mezcla el café** con el licor y la cola de pescado. Llévalo al baño maría y remueve hasta que se disuelva.

> **Para elaborar la crema chantilly**, pon la nata en un recipiente frío y móntala hasta que quede bien espesa. Añádele el azúcar y la esencia de vainilla.

> **Agrega** la mezcla de café a la de los huevos e incorpora la crema chantilly.

> **Ponlo en copas** y refrigera durante 3 ó 4 horas antes de servir.

Para 4 personas

4 cucharadas de café muy fuerte
4 huevos
25 g de azúcar
2 tazas de crema chantilly
6 hojas de cola de pescado
3 cl de Amaretto

Para la crema chantilly:

275 ml de nata líquida para montar
25 g de azúcar glass
1/4 de cucharadita de esencia de vainilla

Pastas y bizcochos

Para seguir el ritmo del día no hay nada más estimulante que un tentempié a base de café.

Brazo de gitano de café y nueces a la crema de Cointreau

PARA 4 PERSONAS

2 cucharaditas de café molido
20 ml de agua
115 g de azúcar
3 huevos
75 g de harina de repostero
1 sobre de levadura
50 g de nueces tostadas muy picadas

Para la crema de Cointreau:
5 cl de agua fría
2 yemas de huevo
115 g de mantequilla
115 g de azúcar
2 cl de Cointreau

> **PRECALIENTA EL HORNO** a 200 °C. Unta de mantequilla y forra con papel antiadherente un molde rectangular de 33 cm x 23 cm.
>
> **PON EL CAFÉ** en un cazo y viértele el agua muy caliente. Déjalo en infusión cuatro minutos y fíltralo con un colador fino.
>
> **BATE LOS HUEVOS** y el azúcar en una ensaladera grande hasta obtener una crema espesa. Tamiza la harina por encima e incorpórala. Agrega la levadura, el café y las nueces.
>
> **LLENA EL MOLDE** con la masa y cuécelo durante unos doce minutos. A continuación, desmóldalo sobre una hoja de papel antiadherente previamente espolvoreado con azúcar lustre. Quita el papel y déjalo enfriar un par de minutos. Recorta los bordes y luego enrolla el bizcocho por uno de sus lados cortos con el papel en el lugar donde irá el relleno. Deja enfriar.
>
> **PARA HACER EL RELLENO**, calienta el azúcar en el agua a fuego lento hasta que se disuelva. Déjalo hervir rápidamente hasta que el almíbar alcance 105 °C (para medirlo usa un termómetro de cocina).
>
> **VIERTE EL ALMÍBAR** sobre las yemas de huevo sin dejar de batir hasta que obtengas una mousse espesa. Añade gradualmente la mantequilla y después el licor. Deja enfriar y espesar.
>
> **DESENROLLA EL BIZCOCHO** y esparce dentro la crema de Cointreau. Enrolla de nuevo y dispón en una fuente con la costura debajo. Espolvorea con azúcar granulado y deja enfriar en la nevera hasta el momento de servir.

Torrijas de café

> **Disuelve el café** soluble en la leche fría y endulzada al gusto.

> **Pon a remojar** la barra de pan cortada a rebanadas y cuando esté bien mojada (pero sin llegar a deshacerse) bate un par de huevos y pon a calentar el aceite en una sartén.

> **Pasa las rebanadas por el huevo** y fríelas en el aceite bien caliente. Escúrrelas con papel secante y espolvoréalas con una mezcla de azúcar y canela.

Para 4 personas

6 cucharaditas de café soluble
1/2 l de leche
2 huevos
Azúcar
1 barra de pan duro
Aceite
Canela

Crêpes al café

> **En un bol mezcla la harina,** el azúcar, los huevos, la leche, el ron y dos cucharaditas de café soluble.

> **Funde en una sartén** la mantequilla. Vierte tres cucharadas de mezcla y remueve la sartén para que la mezcla cubra totalmente el fondo.

> **Dora los crêpes por ambos lados.** Colócalos en una fuente previamente calentada y sírvelos acompañados de la nata montada.

Para 4 personas

4 cucharaditas de café soluble
200 g de harina
250 g de nata montada
1/4 l de leche
4 huevos
40 g de azúcar
10 g de mantequilla
1 copita de ron

Galletas de café

> **Derrite la mantequilla** y bátela con el azúcar. Añade la harina, el café y los huevos. Amásalo hasta obtener una pasta homogénea.

> **Extiende la pasta** sobre el mármol espolvoreado con harina, formando una capa de un centímetro de espesor. Corta las galletas del tamaño que desees y ponlas en una bandeja untada de mantequilla.

> **Hornea a fuego medio** hasta que estén doradas.

Para 4 personas

3 cucharaditas de café molido muy fino
375 g de harina de repostería
150 g de azúcar moreno
150 g de mantequilla
2 huevos

Madalenas de café y macadamia

Para 6 personas (12 madalenas)

- 1 ½ cucharadas de café molido
- 250 ml de leche
- 2 cucharaditas de levadura en polvo
- 275 g de harina de repostero
- 150 g de azúcar
- 50 g de nueces de macadamia
- 1 huevo ligeramente batido
- 20 g de mantequilla

> **Precalienta el horno** a 200 ºC y unta ligeramente de aceite doce moldes de madalenas.

> **Calienta la leche** y cuando llegue al punto de ebullición, retírala del fuego y viértela en un bol con el café. Déjalo 4 minutos en infusión y luego pásalo por un colador fino. Añade la mantequilla y mézclalo hasta que se derrita. Deja enfriar.

> **Tamiza la harina** y la levadura en polvo en un bol grande, e incorpora el azúcar y las nueces de macadamia. Añade el huevo y la leche con café, y remueve hasta que esté bien mezclado, pero no marees la masa.

> **Pon la masa en los moldes** y cuécela durante unos 15 minutos. Deja que se acaben de enfriar en una rejilla.

Lengüitas

Para 6 personas

- ¼ de taza de café fuerte frío
- 40 g de harina
- 50 g de azúcar moreno
- 50 g de dátiles picados
- 100 g de pasas
- ½ cucharadita de levadura en polvo
- ½ cucharadita de nuez moscada
- ½ cucharadita de canela en polvo
- ½ cucharadita de sal
- 2 huevos
- ¼ de taza de mantequilla

> **Mezcla la harina,** la levadura, la sal, la nuez moscada y la canela. Aparte bate la mantequilla con el azúcar hasta que quede cremosa. Agrega los huevos y bate bien. Añade el café poco a poco y también la primera mezcla. Finalmente agrega los dátiles y las pasas.

> **Dispón cucharadas** de la mezcla en una bandeja engrasada. Hornea a fuego medio durante diez minutos. Sírvelas frías.

Arenas de café

> **Derrite la manteca** y la mantequilla y agrega el azúcar sin dejar de mover. Cuando esté disuelto, añade la harina hasta que se haga una pasta. Por último, añade el huevo.
>
> **Elabora bolitas** del tamaño que prefieras y hazles una cavidad con el dedo. Hornea a fuego medio en una bandeja previamente engrasada. Rellena el hueco con la crema de café (ver receta en la pág. 103).

Para 6 personas

150 g de azúcar
125 g de manteca
150 g de mantequilla
500 g de harina
1 huevo batido
Crema de café para el relleno

Besos de moka

> **Precalienta el horno** a 175 °C durante diez minutos y, mientras, derrite el chocolate con el agua caliente y déjalo enfriar.
>
> **Bate las claras** con la sal hasta que estén a punto de merengue. Agrega el azúcar gradualmente para que no se bajen y, a continuación, el café y el vinagre, mezclándolo bien durante cinco minutos.
>
> **Añade el chocolate**, el coco y las nueces.
>
> **Engrasa una bandeja** y vierte cucharadas de masa para formar los besos. Métalos en el horno hasta que se doren.

Para 6 personas

3 cucharadas de café instantáneo
1 tableta de chocolate
20 g de coco rallado
50 g de azúcar
3 claras de huevo
250 g de nueces picadas
40 g de agua
1/2 cucharadita de vinagre
1 cucharadita de sal

Bolitas de café y bourbon

> **Mezcla todos los ingredientes** y remueve muy bien. Haz unas bolitas y déjalas reposar durante varios días en un recipiente. Antes de servirlas rebózalas con azúcar glass.

Para 6 personas

6 cucharadas de café instantáneo
3 tazas de galletas maría desmenuzadas
15 cl de whisky bourbon
4 1/2 cucharadas de miel
300 g de azúcar glass
100 g de nueces picadas
Azúcar glass para espolvorear
Sal

Buñuelos de viento al café

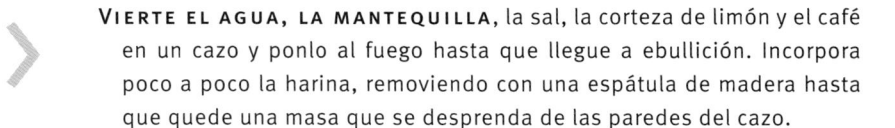

Para 6 personas

4 cucharaditas de café instantáneo
200 g de harina
100 g de mantequilla
5 huevos
½ l de agua
La corteza de 1 limón
100 g de azúcar glass
Aceite de oliva
Sal

> **Vierte el agua, la mantequilla**, la sal, la corteza de limón y el café en un cazo y ponlo al fuego hasta que llegue a ebullición. Incorpora poco a poco la harina, removiendo con una espátula de madera hasta que quede una masa que se desprenda de las paredes del cazo.
>
> **Retíralo del fuego** y agrega los huevos uno a uno, mezclando bien.
>
> **En una sartén** con abundante aceite caliente, incorpora las bolitas de pasta y fríelas hasta que se hinchen y se pongan doradas.
>
> **Escúrrelas** en un papel absorbente y espolvoréalas con azúcar glass.

Bizcocho de moka

Para 6 personas

5 cucharadas de café molido muy aromático
175 ml de leche
100 g de azúcar moreno ligero
115 g de mantequilla
185 g de harina de repostería
1 sobre de levadura
1 huevo ligeramente batido
8 cl de licor de crema

Para la cobertura de chocolate:
200 g de chocolate negro cortado a trocitos
75 g de mantequilla sin sal
50 g de nata para montar

> **Precalienta el horno** a 180 ºC. Unta de mantequilla y forra con papel de horno antiadherente un molde redondo de 18 cm de diámetro.
>
> **Pon el café en una jarra**, calienta la leche y viértela encima. Déjalo cuatro minutos en infusión y fíltralo con un colador fino.
>
> **Derrite la mantequilla** y mézclala con el azúcar. Viértela en una ensaladera y déjala enfriar durante un par de minutos. Añade el huevo.
>
> **Agrega la harina** y remueve con una espátula de madera para que se mezcle bien. Incorpora la levadura y la leche aromatizada con café.
>
> **Rellena el molde** con la mezcla y hornéala durante 40 minutos. Rocía el bizcocho con el licor y deja que se enfríe. Cuando se empiece a enfriar, desmóldalo y ponlo sobre una rejilla.
>
> **Para hacer la cobertura**, pon los trozos de chocolate al baño maría hasta que se derritan. Retira del fuego y añade la nata líquida y la mantequilla. Deja que se enfríe un poco y aplica sobre el bizcocho.

Bollos de café y crema

> **DISUELVE LA MANTEQUILLA** en el café caliente y añade la harina y la sal. Calienta la mezcla a fuego lento, removiendo con fuerza hasta que ésta quede fluida. Apártala del fuego y añádele los huevos uno a uno, sin dejar de batir, hasta que se forme una pasta espesa.
>
> **ENGRASA UNA BANDEJA** para horno y vierte en ella cucharadas de la mezcla dejando un espacio de unos 4 cm entre las porciones. Hornea a temperatura máxima durante 20 minutos, después baja la temperatura y hornéalo otros 20 minutos.
>
> **CAMBIA LOS BOLLOS DE BANDEJA** para que se enfríen y, cuando lo estén, córtalos por la mitad para rellenarlos con crema de café (ver receta en la pág. 103).

PARA 6 PERSONAS

1 1/2 tazas de café caliente
225 g de harina de repostería
200 g de mantequilla
6 huevos
Sal
Crema de café

Pan de café

> **BATE EL CAFÉ** con la mantequilla hasta que se derrita.
>
> **MEZCLA LA MIEL Y EL AZÚCAR** hasta que se disuelvan y agrega los huevos batidos, la harina, la levadura, las nueces, el chocolate, la sal y el licor.
>
> **VACÍA LA MEZCLA** en un molde rectangular engrasado y enharinado, y hornéalo durante una hora a temperatura media.
>
> **SACA EL PAN** del molde y córtalo en dados.

PARA 4 PERSONAS

1 1/2 tazas de café caliente muy concentrado
675 g de harina de repostería
1/4 de taza de mantequilla
50 g de azúcar
60 g de chocolate a trocitos
2 huevos
500 g de miel
1 1/2 cucharaditas de levadura
1 cucharadita de sal
20 g de nueces partidas en dos mitades
25 g de nueces picadas
2 cl de licor de cereza
1/2 cucharadita de canela

Pasteles y pastelitos

El café también puede tener un papel destacado en las creaciones más exquisitas de la repostería. Más allá de la nata o el chocolate hay un mundo de sabor intenso por descubrir...

Pastel mármol

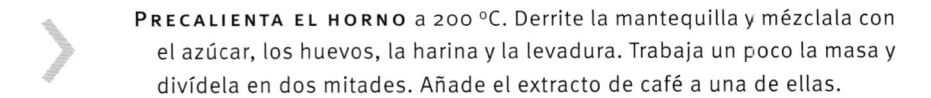

Para 6 personas

- 1 1/2 cucharaditas de extracto de café
- 500 g de azúcar
- 450 g de harina
- 1 1/2 cucharaditas de levadura
- 5 huevos
- 200 g de mantequilla

> **Precalienta el horno** a 200 ºC. Derrite la mantequilla y mézclala con el azúcar, los huevos, la harina y la levadura. Trabaja un poco la masa y divídela en dos mitades. Añade el extracto de café a una de ellas.

> **En un molde engrasado,** alterna una porción de masa con café con otra sin café, hasta que se agoten. Introduce el molde en el horno durante 30 minutos.

> **Si te apetece,** puedes bañarlo en chocolate. Para ello derrite al baño maría una tableta de chocolate negro en dos cucharadas de agua y unta el bizcocho por todas sus caras.

Caprichos al café

Para 6 personas

- 1 cucharada de café soluble
- 1 taza de café frío
- 1 plancha de bizcocho
- 1 taza de mermelada de mandarina
- 1/2 l de nata para montar
- 2 cl de Amaretto
- Cacao en polvo

> **Corta la plancha de bizcocho** por la mitad y humedécelo con una mezcla de café y Amaretto. Añádele la mermelada a una mitad del bizcocho y tápalo con la otra mitad.

> **Bate la nata** a punto chantillí y dale sabor con un cucharada de café soluble.

> **Corta el pastel** en trozos medianos. Cubre con la nata los trozos de bizcocho y espolvorea el cacao. Refrigera durante dos horas y sirve.

Tarta de crema de café

PRECALIENTA EL HORNO a 200 ºC. Tamiza la harina y el azúcar en un bol y mezcla con la mantequilla. Añade las nueces muy picadas.

MEZCLA LA YEMA DE HUEVO con la vainilla y el agua, y añade la mezcla a los ingredientes secos. Forma una masa compacta, envuélvela en papel transparente y déjala enfriar en la nevera durante 20 minutos.

EXTIENDE LA MASA y forra con ella una tartera en forma de anillo de 20 cm de diámetro, usando un cuchillo para cortar los bordes. Enfríala de nuevo otros 20 minutos.

PINCHA LA BASE con un tenedor. Cúbrela con papel de horno y garbanzos secos y cuécela 10 minutos en el horno. Retira el papel y los garbanzos y sigue la cocción durante otros 10 minutos. Reduce la temperatura del horno a 150 ºC.

PARTE LA VAINA DE VAINILLA y extrae las semillas. Pon todo en un cazo junto al café, la nata líquida y la leche, y calienta hasta que casi hierva. Retira del fuego, tapa y deja diez minutos en infusión. Bate las yemas y los huevos con el azúcar granulado.

HIERVE DE NUEVO la nata líquida y échala sobre la mezcla de huevo sin dejar de remover. Fíltrala sobre la base de masa.

CUECE LA TARTA en el horno durante 40 ó 45 minutos. Sácala del horno y deja enfriar en una rejilla. Retira del molde y decora con unas rosetas de nata por el borde. Espolvorea con azúcar glass.

PARA 6 PERSONAS

2 cucharadas de café molido
150 ml de leche
300 ml de nata líquida
2 huevos
2 yemas de huevo
50 g de azúcar granulado
1 vaina de vainilla
Azúcar glass para espolvorear
Nata líquida para montar

Para la masa:
175 g de harina de trigo
2 cucharadas de azúcar lustre
8 cucharadas de mantequilla a dados
50 g de nueces picadas
1 yema de huevo
1 cucharadita de extracto de vainilla
10 ml de agua helada

Para 6 personas

275 g de galletas integrales
200 g de mantequilla fundida

Para la capa de chocolate:
40 ml de agua fría
2 cucharaditas de gelatina en polvo
175 g de chocolate fondant a trozos
2 yemas de huevo
2 claras de huevo
125 ml de nata líquida

Para la capa de toffee y café:
2 cucharadas de café molido
200 g de azúcar
2 huevos batidos
80 g de harina de maíz
15 g de mantequilla
300 ml de nata líquida
125 g de nata montada
Virutas de chocolate

Tarta Mississippi

UNTA DE MANTEQUILLA un molde de 21 cm de diámetro. Mezcla las galletas desmenuzadas con la mantequilla fundida y prénsalas sobre la base y las paredes del molde. Resérvalo en el congelador durante unos 30 minutos.

PARA PREPARAR LA CAPA DE CHOCOLATE, pon la gelatina en remojo durante cinco minutos en un cazo con agua caliente. Remueve hasta que se disuelva. Funde el chocolate al baño maría y mézclalo con la gelatina.

AGREGA AL CHOCOLATE las yemas y la nata líquida. Bate las claras, échalas en la mezcla y viértela sobre la base de galletas. Resérvalo en la nevera durante dos horas.

PARA HACER LA CAPA DE CAFÉ, reserva cuatro cucharadas de nata líquida y calienta el resto hasta que llegue al punto de ebullición. Viértela encima del café, déjala cuatro minutos en infusión y fíltrala con un colador fino. Añade el azúcar y caliéntalo a fuego lento hasta que se disuelva.

MEZCLA LA HARINA DE MAÍZ con la nata líquida que has reservado y los huevos. Añádelo a la mezcla de nata líquida y café, y cuécelo a fuego lento durante dos o tres minutos, removiendo constantemente.

AÑADE LA MANTEQUILLA y déjalo enfriar 30 minutos. Remuévelo y viértelo sobre la capa de chocolate. Resérvalo en el congelador durante un par de horas.

PARA HACER LA COBERTURA FINAL, bate la nata hasta formar picos y espárcela en una capa espesa por encima de la capa de toffee y café. Decora con las virutas de chocolate y enfría en la nevera hasta el momento de servir.

Alsaciana al café

Para 6 personas

- 3 cucharaditas de café soluble
- 250 g de harina
- 200 g de azúcar
- 6 yemas de huevo
- 1 huevo
- 200 g de mantequilla
- 200 g de ciruelas pasas sin hueso
- 25 cl de ron
- 1 tubito de vainillina
- 1 cucharadita de levadura
- La ralladura de 1 limón

MEZCLA LAS YEMAS con el azúcar hasta que se forme una mezcla suave. Ablanda la mantequilla y añade el café. Cuando esté homogénea, vierte la mantequilla en las yemas y remueve hasta que quede bien ligado. Echa la vainillina y el limón. Reserva.

PON LAS CIRUELAS EN REMOJO con la mitad del ron durante 4 ó 5 horas y, pasado este tiempo, trocéalas y viértelas en la mezcla, añadiendo el resto del ron.

MEZCLA POCO A POCO LA HARINA y la levadura con la mezcla anterior, hasta que la masa no se pegue a las manos (si es necesario, añade más harina). Deja reposar la masa, envuelta en un paño, durante 25 minutos.

VIÉRTELA EN UN MOLDE HONDO untado previamente con mantequilla y espolvoreado con harina. Cuécelo a alta temperatura y, cuando empiece a subir, píntalo con una mezcla de huevo batido con algo de azúcar y cúbrelo con papel de aluminio. Para saber si está hecho, pínchalo con un palillo y cuando salga limpio ya estará hecho. No abras nunca el horno si la pasta no ha acabado de subir.

Pastel Bagdad

Para 4 personas

- 2 cucharadas de café soluble
- 1/2 tableta de chocolate negro
- 200 g de galletas rectangulares
- 100 g de mantequilla
- 125 ml de leche
- 4 cl de brandy
- 4 yemas de huevo
- 4 claras de huevo
- 60 ml de agua

TROCEA EL CHOCOLATE y fúndelo al baño maría con el agua. Retíralo del fuego y añade la mantequilla en trocitos, las yemas, el café y el brandy. Mezcla bien e incorpora las claras montadas a punto de nieve. Sigue removiendo hasta que logres una mezcla homogénea.

FORRA UN MOLDE RECTANGULAR con las galletas ligeramente bañadas en la leche y rellénalo con capas alternadas de crema y galletas (termina con una capa de galletas).

DÉJALO EN LA NEVERA al menos tres horas, desmolda y sirve. Puedes adornar con nata.

Carlota de café

PARA 6 PERSONAS

2 cucharadas soperas de extracto de café
1/2 l de leche
6 yemas de huevo
150 g de azúcar
1 vaina de vainilla
15 bizcochos desmigados
4 hojas de gelatina
500 g de nata líquida muy fría
4 cucharaditas de azúcar vainillado
50 g de azúcar glaseado

> **PREPARA LA CREMA DE CAFÉ** hirviendo la leche con 100 g de azúcar, el café y la vainilla. A continuación, bate las yemas con el resto del azúcar.
>
> **CUANDO HIERVA LA LECHE,** mezcla un par de cucharadas con las yemas. Retira del fuego la leche y añade la mezcla de yemas y azúcar removiendo con una espátula de madera. Pasa la mezcla por el chino e incorpora la gelatina desleída en agua fría. Deja enfriar.
>
> **PREPARA LA NATA BATIDA** con la nata líquida, el azúcar vainillado y el azúcar glaseado. Bate muy bien.
>
> **CUANDO LA CREMA DE CAFÉ ESTÉ FRÍA,** incorpora la nata batida y remueve con una espátula de madera.
>
> **CUBRE CON LOS BIZCOCHOS DESMIGADOS** un molde para carlota y vierte la mezcla anterior. Deja reposar 12 horas en el frigorífico y desmolda con cuidado.

Pastel de Brasilia

PARA 8 PERSONAS

3 cucharadas de café molido fino
1 cucharada de café instantáneo
Crema de moka
5 yemas de huevo
200 g de azúcar
5 claras de huevo
75 g de harina
75 g de fécula de patata
Mermelada de melocotón
Unas gotitas de esencia de limón

> **HAZ UN CAFÉ ESPRESSO** bien concentrado y resérvalo.
>
> **MEZCLA EL AZÚCAR,** la esencia de limón, las yemas y el café instantáneo. Agrega las claras batidas a punto de nieve, la harina y la fécula.
>
> **ENGRASA UN MOLDE PARA HORNO** y espolvoréalo ligeramente con harina. Llena con la pasta preparada hasta tres cuartos de su capacidad.
>
> **HORNÉALO A TEMPERATURA MEDIA** durante media hora y, a continuación, sácalo del molde y ponlo a enfriar en una bandeja.
>
> **CUANDO ESTÉ FRÍO,** pártelo por la mitad. Pon en el primer piso mermelada de melocotón y en el segundo crema de moka (ver receta en la pág. 103).

Milhojas con crema de café

> **Precalienta** el horno a 200 °C.
>
> **Descongela las hojas de hojaldre** y colócalas en una bandeja engrasada. Hornéalas temperatura media durante 15 minutos.
>
> **Mientras tanto,** mezcla las yemas y el azúcar hasta que esté bien disuelto. Añade la harina pasándola por un colador y luego el café y el brandy. Remueve continuamente.
>
> **Añade la leche** y cuécelo a fuego lento sin dejar de remover hasta que la mezcla tenga una consistencia cremosa. Apártalo del fuego y déjalo enfriar. Sigue removiendo para que no se formen grumos.
>
> **Parte en dos trozos los hojaldres** cuando ya estén fríos. Cubre una mitad con la crema y coloca encima la otra mitad. Espolvorea con el azúcar glass sobrante.

Para 4 personas

1 vaso de café espresso
6 hojas de pasta de hojaldre congelada
2 cucharadas de harina de maíz
2 yemas de huevo
100 g de azúcar
1/4 l de leche
20 g de mantequilla ablandada
80 g de azúcar glass
1 cucharada sopera de brandy

Profiteroles de café con helado

> **Precalienta** el horno a 200 °C.
>
> **Pon en un cazo** el café con la mantequilla, el azúcar y la sal. Caliéntalo a fuego medio unos minutos, apártalo del fuego, agrega la harina y bate con una cuchara de palo hasta que la pasta se despegue de las paredes.
>
> **Deja reposar un poco** y agrega los huevos uno a uno batiendo bien. Coloca la masa con una cuchara en una fuente engrasada de forma que queden hechas las bolitas. Hornea de 15 a 20 minutos y deja enfriar. Parte con cuidado cada bolita por la mitad y rellénala con el helado. Sirve decorado con sirope de chocolate.

Para 4 personas

1/2 taza de café
60 g de mantequilla
75 g de harina
2 huevos
1 cucharada de azúcar
1/4 cucharadita de sal
1 tarrina de helado de vainilla
Sirope de chocolate

Pastel de queso al café con albaricoque

PARA 6 PERSONAS

4 cucharaditas de café instantáneo
1 queso fresco de unos 18 cm de diámetro
25 g de azúcar glass
400 g de mermelada de albaricoque

> **DIVIDE HORIZONTALMENTE EL QUESO** en cuatro rebanadas iguales, poniendo especial cuidado en que no se rompan. Espolvorea tres de ellas con una cucharadita de café.

PARA MONTAR EL PASTEL, cubre cada rebanada de queso con una cucharada de mermelada hasta llegar al último trozo de queso.

PARA DECORARLO, mezcla el azúcar glass con el café restante y espolvoréalo por encima.

Cuadraditos de café y menta

PARA 6 PERSONAS

225 g de harina
80 g de coco rallado
165 g de melaza
180 g de mantequilla
1 cucharadita de levadura

Para la capa de menta:
360 g de azúcar glaseado
40 g de margarina
60 ml de leche
1 cucharadita de esencia de menta

Para la capa de café y chocolate:
2 cucharadas de café bien fuerte
100 g de margarina
125 g de chocolate en polvo

> **MEZCLA TODOS LOS INGREDIENTES** para el pastel en seco y funde la mantequilla para mezclarla con el resto. Una vez mezclado, ponlo en un molde plano, aplastándolo bien.

HORNÉALO a temperatura media durante veinte minutos. Sácalo del molde y antes de que el pastel esté completamente frío, cúbrelo con la capa de menta.

PARA PREPARAR LA CAPA DE MENTA, tamiza el azúcar glaseado y añádele la mantequilla, la leche y la esencia de menta. Cubre el pastel con esta mezcla.

PARA PREPARAR LA MEZCLA de café y chocolate derrama el café en polvo mezclado con la margarina fundida sobre el chocolate y remueve bien. Déjalo enfriar un poco y viértelo sobre la capa de menta.

DEJA QUE SE ENDUREZCA y córtalo en cuadrados.

Bombones de café

> **Pon el azúcar y la mantequilla** en un recipiente y caliéntalo hasta que se disuelva. Deja que hierva durante diez minutos, removiendo constantemente.
>
> **Agrega el café y la nata,** y déjalo hervir otros diez minutos más.
>
> **Pon unas gotas de la mezcla** en un vaso de agua para ver si ya está en el punto: si se endurece rápidamente, ya puedes retirarlo del fuego.
>
> **Extiende la masa sobre el mármol,** previamente untado de mantequilla, y córtala con la punta de un cuchillo en cuadrados de un centímetro de lado.
>
> **Una vez fríos,** colócalos en una bandeja y sírvelos.

PARA 6 PERSONAS

1/2 vaso de café muy concentrado
375 g de azúcar
150 g de mantequilla
60 ml de nata líquida

Cuadros de nuez con café

> **Haz una mezcla homogénea** con la mantequilla, la mitad del azúcar, el café, la harina, tres cucharaditas de canela y las yemas de los huevos.
>
> **Vierte la mezcla** en un molde engrasado.
>
> **Bate las claras a punto de nieve** y agrega el azúcar y la canela que han sobrado. Cubre con esta crema la mezcla del molde y rocía con las nueces picadas.
>
> **Hornéalo** a temperatura media durante 25 minutos, sácalo del horno y mientras aún esté el molde caliente, córtalo en cuadrados y déjalo enfriar sin desmoldar.

PARA 6 PERSONAS

1/2 taza de café fuerte endulzado
350 g de mantequilla
450 g de harina de repostería
1/4 de taza de azúcar
165 g de nueces picadas
2 huevos
5 cucharaditas de canela

Postres de frutas

¿Quién ha dicho que en los postres haya que elegir entre la fruta o el café? Podemos tener ambas cosas en un mismo plato, pues el penetrante aroma y el sabor del café ensalzan el dulzor natural de todas las frutas.

Ciruelas rellenas

PARA 10 PERSONAS

2 cucharadas de café molido
30 ciruelas de California
5 cl de Armagnac
350 g de chocolate fondant
125 ml de nata líquida
10 g de margarina vegetal
40 g de cacao en polvo

> **PON LAS CIRUELAS** en una ensaladera y vierte el licor por encima. Remueve bien y tapa con film transparente. Reserva por espacio de 20 minutos, haz un corte en cada ciruela para retirar el hueso (con mucho cuidado) y deja un hueco para el relleno.
>
> **PARA PREPARAR LA SALSA DEL RELLENO,** pon la nata líquida y el café en un cazo y caliéntalo hasta que esté a punto de hervir. Tápalo y déjalo cuatro minutos en infusión. Caliéntalo de nuevo, déjalo enfriar un poco y pásalo por el colador.
>
> **PON 115 GRAMOS DE CHOCOLATE** en un bol y vierte por encima la crema de café pasada por un colador. Remueve hasta que el chocolate se derrita. Deja enfriar.
>
> **LLENA UNA MANGA PASTELERA** con la mezcla anterior. Rellena con cuidado los huecos de las ciruelas. Deja enfriar en el refrigerador durante unos 20 minutos.
>
> **DERRITE EL RESTO DEL CHOCOLATE** en un cazo puesto sobre una olla al baño maría. Con un tenedor sumerge las ciruelas una a una hasta que queden bien cubiertas. Ponlas sobre papel antiadherente y deja que el chocolate se endurezca. Espolvorea con cacao en polvo.

Ensalada de frutas

PARA 6 PERSONAS

8 cl de licor de café
1 piña pequeña
1 mango
1 papaya
2 frutas de la pasión
2 granadas
El zumo y la corteza de 1 lima
Tiras finas de piel de lima
150 ml de agua
1 cucharada de azúcar

> **CALIENTA A FUEGO LENTO** el azúcar, la corteza de lima y el agua hasta que el azúcar se disuelva. Llévalo a ebullición y déjalo cocer durante cinco minutos.
>
> **DEJA QUE SE ENFRÍE** y cuélalo en un cuenco de servir. Tira la corteza de lima y añade el zumo de lima y el licor.
>
> **CORTA LA FRUTA DE LA SIGUIENTE MANERA:** la pulpa de la piña a daditos, la papaya a rodajas y el mango a dados. Desgrana las granadas y, con la ayuda de una cuchara, esparce la pulpa de la fruta de la pasión por encima de la ensalada. Decora con las tiras de piel de lima.

Plátanos fritos con salsa de café y ron

PARA 4 PERSONAS

1 taza de harina tamizada
1/4 de taza de azúcar
2 cucharaditas de levadura
1 1/4 cucharadita de sal
1/3 de taza de leche
2 cucharaditas de mantequilla fundida
1 huevo
3 plátanos no muy maduros
Salsa de café y ron
azúcar

Para la salsa de café y ron:
1 1/2 taza de café fuerte
3 cucharadas de café frío
200 g de azúcar
40 g de harina de maíz
40 g de mantequilla
2 cl de ron

> **MEZCLA LA HARINA** con la levadura, la sal y el azúcar. Aparte, mezcla el huevo, la leche y la mantequilla. Añade esta segunda mezcla a la primera de forma que quede bastante espesa.
>
> **CORTA CADA PLÁTANO** en tres o cuatro trozos, pásalos por harina y sumérgelos en la mezcla. Fríelos en aceite bien caliente hasta que se doren por ambos lados.
>
> **PONLOS EN UN PAPEL ABSORBENTE** para que elimine el exceso de aceite.
>
> **PARA ELABORAR LA SALSA,** funde lentamente el azúcar en un cazo sin dejar de remover para que no se pegue. Añade poco a poco el café y la harina de maíz previamente disuelta en café. Continúa la cocción, sin dejar de remover, hasta que la salsa esté espesa.
>
> **RETÍRALO DEL FUEGO** y añade la mantequilla y el ron mezclándolo bien.

Melocotones al café

PARA 4 PERSONAS

2 cucharadas de café concentrado
4 melocotones
1/4 l de zumo de piña
500 g de azúcar
60 g de mantequilla
100 g de almendras tostadas
100 g de azúcar
1 copita de ron

> **PELA LOS MELOCOTONES**, pártelos por la mitad y quítales los huesos. Derrite la mantequilla en una sartén grande y fríe los melocotones de cuatro a cinco minutos por cada lado.
>
> **AÑADE EL AZÚCAR**, el café y el zumo de piña, y cuécelo a fuego lento hasta que el líquido se reduzca a la mitad.
>
> **CALIENTA EL RON**, préndele fuego y flambea con él los melocotones.
>
> **PON DOS MITADES DE MELOCOTÓN** en cada plato y espolvoréalos con las almendras bien picadas.

Peras asadas al café

PARA 6 PERSONAS

6 peras maduras y firmes
1 1/2 vasos de café fuerte
1 cucharadita de edulcorante líquido
5 g de harina de maíz
20 ml de agua fría

> **PELA LAS PERAS** con mucho cuidado para no estropearlas, córtalas por la mitad a lo largo y sácales el corazón.
>
> **DISPONLAS EN UNA FUENTE** para horno una al lado de la otra. Mezcla el café con el edulcorante y échalo sobre las peras. Tápalas con papel aluminio y hornéalas hasta que estén tiernas (unos 20 minutos), dándoles la vuelta una sola vez.
>
> **RETIRA LAS PERAS** y déjalas enfriar.
>
> **VIERTE EL LÍQUIDO EN UNA CAZUELA** pequeña y lígalo a fuego fuerte con la Maicena previamente disuelta en el agua. Deja enfriar.
>
> **SIRVE EN CADA PLATO** dos mitades de pera y salsea.

Dulce borracho de coco y café

PRECALIENTA EL HORNO a 160 ºC. Unta de mantequilla y forra con papel para horno un molde cuadrado de 18 cm de lado.

PON EL CAFÉ EN UNA ENSALADERA pequeña, vierte el agua caliente por encima y déjalo en infusión cuatro minutos. A continuación, fíltralo.

BATE LOS HUEVOS y el azúcar moreno en un bol hasta que esté cremoso. Incorpora la harina, la levadura, una cucharada de café y otra de aceite. Pon esta mezcla en un molde cuadrado y hornéalo durante 20 minutos a temperatura media. Desmóldalo y ponlo en una rejilla para que se enfríe.

MIENTRAS, calienta la leche de coco hasta el punto de ebullición y bate aparte los huevos, el azúcar y la harina de maíz hasta obtener una masa esponjosa. Viértela sobre la leche de coco y caliéntala a fuego lento, removiendo hasta que la crema esté espesa. Déjalo enfriar durante diez minutos removiendo de vez en cuando.

CORTA EL BIZCOCHO a cuadrados de 5 cm de lado y disponlos en el fondo de una fuente grande. Corta los plátanos a rodajas y ponlos sobre el bizcocho. Rocía con el licor de café y vierte la crema de coco por encima. Déjalo enfriar.

BATE LA NATA LÍQUIDA con el café restante y el azúcar glass hasta que forme picos. Espárcelo sobre la crema de coco. Cubre con papel transparente y deja enfriar en la nevera durante varias horas. Espolvorea con virutas de coco fresco.

PARA 8 PERSONAS

Para el bizcocho:
3 cucharadas de café molido
60 ml de agua muy caliente
2 huevos
50 g de azúcar moreno
40 g de harina de repostería
1 1/2 cucharaditas de aceite de girasol
2 cucharaditas de levadura

Para la crema de coco:
400 ml de leche de coco
3 huevos
60 g de azúcar granulado
10 g de harina de maíz

Para el relleno y la cobertura:
2 plátanos medianos
300 ml de nata líquida
8 cl de licor de café
40 g de azúcar glass
Virutas de coco fresco

Manzanas al café

LIMPIA LAS MANZANAS y sácales el corazón. Colócalas en una fuente plana.

DISUELVE EL AZÚCAR en el café muy caliente, mézclalo con el brandy y la vainilla y rellena los huecos de las manzanas con este líquido.

HORNEA las manzanas hasta que estén tiernas y sírvelas frías o templadas.

PARA 6 PERSONAS

6 manzanas grandes
1 taza de café muy concentrado
1/2 cucharadita de vainilla en polvo
1 copa de brandy
60 g de azúcar

Glosario de tipos de café

ANGOLA
A pesar de tener muy poca producción, en Angola crece un café muy suave, ideal para mezclar con otras clases.

BRASIL
Es el mayor productor de café del mundo. Sus mejores cosechas son las que producen la clase «Santos», de carácter suave y delicado, y la clase «Río», de sabor más intenso, perfecto para mezclar.

COLOMBIA
País con cosechas ideales para crear distintos tipos de café.

COSTA RICA
En este país se cosecha la clase arábica junto a los cafetos de frutos azul verdosos. Este café tiene un elevado grado de acidez y un sabor muy intenso o bien muy suave, según el tipo. Ideal para mezclar o para tomar solo.

EL SALVADOR
Sus cafés tienen un agradable sabor neutral con un moderado grado de acidez. En las zonas de los altiplanos se cosecha un café suave y aromático.

ESPRESSO
Mezcla de distintos cafés del tipo arábica junto a una pequeña dosis del tipo robusta (que le proporciona una agradable crema). Muy tostado y de sabor intenso. Tiene menos cafeína que otras variedades de café.

GUATEMALA
Produce cafés suaves y aromáticos. En los altiplanos, el café que se cosecha es conocido por su bouquet.

JAMAICA
La variedad «Blue Montain» es la más apreciada del mundo, por su aroma y suavidad. No se puede tostar mucho, ya que pierde su delicado carácter.

KENIA
Este tipo de café suave y ácido es ideal para preparar el moka.

MÉXICO
Sus cafés tienen un toque amargo con un moderado grado de acidez.

MOKA
Mezcla de cafés de variedad arábica. Es de sabor intenso, ya que se somete a un largo tiempo de cocción. Tiene un alto grado de acidez.

PUERTO RICO
Cosecha cafetos de gran calidad que producen un café muy suave y aromático.

TUESTE FRANCÉS
El café se tuesta durante mucho tiempo hasta que adquiere un sabor casi ahumado.

TUESTE VIENÉS
Los granos de café, normalmente de clase arábica, se tuestan durante largo tiempo. Este café es ideal para cafeteras del tipo francés.

Glosario de especialidades

BICERIN
Especialidad de Turín elaborada con café, chocolate y nata.

CAFÉ AU LAIT
Café con leche servido en grandes cuencos.

CAFÉ CORETTO
Café espresso con un chorro de grappa, brandy o licor.

CAFÉ DOPPIO
Café espresso doble.

CAFÉ LATTE
Café con $4/5$ partes de leche en un vaso.

CAFÉ LUNGO
Conocido también como «americano». Café con el doble de agua.

CAPUCCINO
Café con leche caliente y espuma. Decorado con cacao en polvo.

CÓNSUL
Café solo con nata.

ESPRESSO
Café elaborado con cafetera exprés.

FIAKER
Café con un chorro de Kirsch (licor de cereza).

FRANCISCANO
Café con leche con nata montada y virutas de chocolate.

KAHVE
Café turco.

LATTE MACCHIATO
Leche caliente con un poco de espresso.

LARGO
Café con un poco de leche que le proporciona un tono marrón oscuro.

MELANGE
Café con leche en una taza o vaso.

MOKA
Café con una dosis doble o triple de café molido.

NEGRO
Café elaborado con cafetera de filtro y sin leche.

Índice de recetas

A
Alsaciana al café 115
Angola, café de 124
Arenas de café 109

B
B 52 91
Bagels (receta básica) 65
Batido de café 88
Batido de café y crema 88
Batido de plátano al café 88
Bavarois al café 100
Besos de moka 109
Biscuit de café 94
Bizcocho de moka 110
Black Russian 93
Bollos de café y crema
Bombones de café 119
Blueberry Muffins
   (madalenas de arándanos) 61
Bolitas de café y bourbon 109
Brasil, café de 124
Brazo de gitano de café y nueces
   a la crema de Cointreau 106
Brioche 47
Brownies 63
Buñuelos de viento al café 110

C
Café a l'Orange 83
Café a la menta 93
Café a la vainilla 58
Café a las fresas 83
Café al caramelo 78
Café al chocolate 86
Café après 71

Café antillano 80
Café au lait (café con leche) 45
Café Black Jack 92
Café brûlot 73
Café Calipso 80
Café Champs-Elysées 82
Café Chartreuse 91
Café colado 90
Café con melocotón 98
Café Copacabana 92
Café cremat 82
Café de Hawai 86
Café de las Indias 83
Café de Normandía 79
Café de olla 59
   (café mexicano con especias) 59
Café escarchado 85
Café especial 89
Café frappé
   (café helado con espuma) 75
Café frío a la menta 85
Café helado 69
Café helado a la caribeña 84
Café Hungría 87
Café in forchetta
   (café en el tenedor) 37
Café Madamme 82
Café Mar de Plata 87
Café mexicano 78
Café paradise 85
Café portugués 90
Café ruso 82
Café veneciano 81

Café vienés 80
Café vienés aromatizado 79
Caprichos al café 112
Capuccino 31
Capuccino moka 87
Carlota de café 116
Ciruelas rellenas 120
Cóctel de café 93
Coffee on the rocks 75
Coffeeshops: Muffins & Bagels 54
Colombia, café de 124
Cónsul 21
Cookies de chocolate y cacahuete 63
Corona de helado al café 97
Costa Rica, café de 124
Crema de moka 103
Crema de naranja al café 105
Crema espumosa de café 103
Crêpes al café 107
Cuadraditos de café y menta 118
Cuadros de nuez con café 119
Cucuruchos de crema de cappuccino, 99
Cultura de los cafés 18

D
Dulce borracho de coco y café 123

E
Eclairs con crema de café y trufa 49
El Salvador, café de Espresso & Co.,
   cultura y bares 26
Ensalada de frutas 121
Espresso helado 33
Espresso shakerato 33
Espresso, café 124

Extra Special Coffee 81

F
Flan al café 101
Flan de plátanos al café 101
French hot coffee 73

G
Galletas de café 107
Galletas de chocolate 39
Gelatina de café 101
Glacé de café soluble 86
Granizado de café 96
Granizado de café (II) 97
Granos de café y chocolate 35
Guatemala, café de 124
Gugelhupf 25

H
Helado de café 96
Helado de café imperial 98
Helado de canela y café 95
Helado de Nochebuena 99
Helado de plátano al café 97
Helado de turrón
   con salsa de café 98

I
Irish Coffee 71
Italian hot coffee 73

J
Jamaica, café de 124

K
Kenia, café de 124
Keskül
   (crema de almendras) 17
Khave (café turco) 13

L
Latte Macchiato 31
Lengüitas 108
Licor de café 91
Licor de café (II) 91

M
Madalenas de café y macadamia 108
Manzanas al café 123
Melange vienesa 21
Melocotones al café 122
México, café de 124
Milhojas con crema de café 117
Moka libanés 59
Moka, 124, 125
Mousse de café 53
Mousse de café al Amaretto 105
Mousse de queso y café 104
Muffins de chocolate 61

P
Pan de café 111
Panforte de Siena
   (pastel con especias) 39
Panini 41
Pastel Bagdad 115
Pastel de Brasilia 116
Pastel de queso al café
   con albaricoque 118
Pastel mármol 112
Pastel Revani 15
Peras asadas al café 122
Plantas de café 9
Plátanos fritos con salsa de café
   y ron 121
Ponche de huevo con café 92

Profiteroles de café con helado 117
Pudding de café 103
Puerto Rico, café de 124

R
Refresco de brandy y café 93

S
Sándwich club con pollo y bacon 67
Sándwich western
   con mayonesa de oliva 67
Seducción francesa 42
Soufflé de café 104

T
Tarta de crema de café 113
Tarta de chocolate y mocca 23
Tarta Mississippi 114
Tarta Tatín 51
Tiramisú 37
Toddy a la francesa 81
torrijas de café 107
Tradición cafetera turca 13
Tramezzini con huevo y
   boquerones 41
Tueste francés 124
Tueste vienés 124

Y
Yogur con café 89

La temperatura del horno puede variar de un fabricante a otro. Para una información más precisa, consulte el manual de instrucciones del electrodoméstico.

Créditos

Redaccion y revisión: Stefanie Poziombka, Adelheid Schmidt-Thomé
Diseño y Tipografía: Claudia Fillmann, IMD
Estilismo, atrezzo y cocina:
Katrin Maier, Bric Bertu, Renate Hutt
Traducción al español: Katinka Rosés
Recetas adicionales: Serena Vallés
Edición: Mònica Campos

CULTO AL CAFÉ
© 2001 Gräfe und Unzer
© 2004 Editorial Océano, S.L. - Grupo Océano
Milanesat, 21-23 – 08017 Barcelona
Tel.: 93 280 20 20* – Fax: 93 203 17 91
www.oceano.com

Derechos exclusivos de edición en español para todos los países del mundo.

Queda rigurosamente prohibida, sin la autorización escrita de los titulares del copyright, bajo las sanciones establecidas en las leyes, la reproducción parcial o total de esta obra por cualquier medio o procedimiento, comprendidos la reprografía y el tratamiento informático, así como la distribución de ejemplares mediante alquiler o préstamo público.

ISBN: 84-7556-305-8
Depósito Legal: B-3946-XLVII
Impreso en España - Printed in Spain
9001159010204

Sobre los autores:
Yasar Karaoglu nació en Bandirma, Turquía, en 1966. A los once años se trasladó junto a su familia a Aalen, Alemania, donde estudió electrónica. En 1989 trabajó en el Bar Schumann de Munich, ciudad donde vive actualmente. Es dueño de una cafetería, tarea que combina con la de fotógrafo. Ha realizado varias exposiciones de fotos de sus viajes por distintos continentes.

Reinhardt Hess nació en Alemania en 1948. Su madre regentaba en los años 50 una tienda de café en la que el trabajaba como repartidor ya desde muy joven. Desde entonces su amor por el café ha aumentado gradualmente. Terminados sus estudios, ha trabajado en las revistas de alimentación más importantes de Alemania y ha publicado diversos libros de cocina. Es un gran amante de la gastronomía italiana, así como del café italiano.

Ayten Eral nació en 1972 en Tunceli, Turquía. A los seis años se mudó a Alemania. Estudia Ciencias Políticas y Filología Alemana. Es autora de varios libros.

Stefan Braun trabaja de fotógrafo en Munich. Este es su segundo libro de cocina.

Katrin Maier es diseñadora de interiores y estilista. Vive en Munich, donde trabaja por cuenta propia.

Créditos de las fotografías:

Fotos de la portada y de las recetas: Stefan Braun, además pág. 6 izquierda, 27, 29, 35, 42 izquierda; banco de imágenes: A. Becker pág. 6 derecha, 21, 56 izquierda; K. Chernush pág. 2 inferior derecha, 26 derecha; W. Dieterich pág. 56 derecha; K. Forest pág. 3 derecha, 55; A. Incrocci 26 izquierda; PS Productions pág. 57; S. Scata pág. 2 izquierda, 12 derecha; Yellow Dogs Prods pág. 54 izquierda; Laif. D. Biskup pág. 42 derecha; L. Caputo pág. 23, 25; Celentano pág. 4/5; T. Ebert pág. 53; H. Eid pág. 7, 47; P. Gebhard pág 54 derecha; M. González pág.9; P. Hahn pág. 2 derecha arriba, 18, 19; G. Huber pág. 51; A. Kraus pág. 10 izquierda; 11, 12 izquierda, 28 izquierda, 68 arriba; Ludovic pág. 68 abajo; A. Neumann pág. 45, 65; Sasse pág. 8 izquierda, 10 derecha; H. Specht pág. 3 izquierda, 43; Tueremis pág. 15, 17; Zanettini pág. 28 derecha; además: A. Schmidt-Thomé pág. 8 derecha.